発達障害の子どもを伸ばす
魔法の言葉かけ

shizu 自閉症療育アドバイザー
|監修| 平岩幹男 医学博士・小児科専門医

健康ライブラリー
スペシャル
講談社

はじめに

小児科医として、自閉症を含む発達障害を抱える子どもたちとかかわるようになって30年以上が過ぎました。最近でこそ発達障害への関心が高まり、徐々に理解が深まってきているものの、わが国では誤った情報が伝えられたこともあって、発達障害を抱えた多くの子どもたちが適切な対応を受けられない状況が長らく続いていました。

たとえば、言葉の遅れをともなった自閉症の子どもたちは知的障害を合併しているとみなされ、知的障害児としての対応以外は、何ら考慮されない状況に置かれることが一般的でした。また、発達障害は親の育て方が原因であり、たっぷり愛情をかけて育てれば改善すると言われていたため、そのことで自分を責めたり、子どもへの接し方について苦悩する保護者も少なくありませんでした。

現在では、発達障害は先天的な脳の機能障害が原因であることが明らかになり、さまざまな療育法が紹介され、療育機関（エージェント）も増えてきています。それでも幼児期の発達障害を取り巻く状況は、依然として問題を抱えています。私が切実に感じるのは、以下の二つです。

一つは、なかなか診断がつけられないことです。幼児期の自閉症の場合、慣れた医療機関ではおおむね2歳になれば診断は可能ですが、実際には3歳すぎまで診断を下さない医療機関が少なくありません。医療・保健関係者が自閉症の疑いを指摘し、保護者も同様に感じているにもかかわらず、何もできない日々が過ぎていきます。そのことに不安やもどかしさを募《つの》らせる保護者も少なくありません。

もう一つは、診断はされたけれど、実際にどのように対応すればよいかを医療機関では教えてもらえないことが多いという問題です。知的障害をともなう自閉症であると診断されたり、発達検査での低い数値（療育によって変わる可能性はありますが、それを説明されないことも多いのです）を示されることによって、早期診断＝早期絶望になりかねません。不安を抱えたまま情報を求めて走り回り、ようやく見つけたエージェントで療育を受けてもうまくいかず、悩みを深くする保護者もいます。

一方、この30年ほどの間に発達障害の療育についての研究が進んだ北米では、適切な対応によって子どもたちが驚くほど伸びている例も多数報告されるようになりました。その代表的な療育法がＡＢＡ（Applied Behavior Analysis：応用行動分析）です。じつはＡＢＡは、わが国にも20年ほど前から入ってきていました。しかし一般に広まることはなく、一部の専門家のあいだでの研究が中心で、治療的応用は十分ではありませんでした。

ＡＢＡにはいろいろな方法があり、やり方によっては、生活面で大きな負担になることもあります。しかしＡＢＡの基本はそれほど難しいものではありません。ＡＢＡの考え方を理解し、それに沿った対応をすることで、たとえ発達障害と診断されていても、子どもたちはしばしば目覚ましい伸びを示すようになります。

本書の著者のｓｈｉｚｕさんは、お子さんが自閉症と診断されてもあきらめずに、できることを積み重ねる過程でＡＢＡと出会い、その考え方をベースにしながら独自に工夫した方法でお子さんの能力を大きく伸ばすことができました。それができたのは、お子さんが高機能自閉症だったからではないか、と疑問をもつ人もいらっしゃると思います。しかし、私がｓｈｉｚｕさんのお子さんを何度か拝見したときの様子やそれまでの経過から判断するかぎり、現在のような状態になろうとはとても想像できませんでした。その判断は、他の医療関係者や周囲の人々も同じでした。

ｓｈｉｚｕさんは現在、発達障害を抱えるお子さんのいる家庭への支援にも一生懸命に取り組み、保護者に希望を与え、笑顔を増やす活動をされています。

こうした経験をもとにして書かれたこの本は、自閉症を中心とした発達障害を抱えた子どもたちへの対応を前提としたものですが、実際には発達障害を抱えている子どもに限らず、ちょっと気になるところがある子ども、さらには、ほとんど気になるところがない子どもを育てる際においても、参考になるアドバイスが数多く含まれています。

すでに発達障害の診断が確定した子どもを持つ人はもとより、まだ診断はされていないけれど疑いが濃厚で、何かできることから始めたいという人に、あるいは子どもの言動にちょっと気になるところがあり、どんな対応をしたらいいかと悩んでいる人にとっても、きっと役に立つと思われます。

平岩幹男

――発達障害の子どもを伸ばす魔法の言葉かけ　目次

第5章 叱るとき、指示を出すときの言葉かけ 69

第8章 ABAを利用した働きかけを続けるための7つの鍵 135

ＡＢＡとの出会いが、息子の言語能力と社会性を伸ばすことにつながった

息子が3歳のとき、言葉が遅く、遊ぼうと話しかけても目を合わせず、反応がないことなどが気になり専門医を訪ねたところ、自閉症と診断されました。診断を受けた当初、「この子とは一生会話ができないのだろうか」と、私は絶望感でいっぱいになりました。「たくさん話しかけてあげましょう」「遊んであげましょう」とアドバイスを受けても、反応がほとんどない息子にどう接していいのか、途方に暮れていたのです。

やがて前を向いて進もうと思い直し、朝から晩までインターネットで情報収集をするようになり、ＡＢＡ（応用行動分析）という一つの療育法にたどり着きました。ＡＢＡの考え方を知ることで、子どもと関わる上でのヒントをたくさん得ることができました。そして、日常生活の中で息子の言葉の能力を「ながら的」に楽しく伸ばす方法はないかと考え、生活のあらゆる機会を利用し、ＡＢＡを使った働きかけをすることにしたのです（これを機会利用ＡＢＡ、機会利用型ＡＢＡなどと言います）。

その結果、息子の言語能力と社会性は飛躍的に伸びていきました。ＰＡＲＳ（広汎性発達障害日本自閉症協会評定尺度）という、自閉症の度合いを測るテストでは、9点以上が「自閉症の疑いあり」とされていますが、3歳の頃の息子の点数は25点。それが小学校に上がる前には5点になりました。ＡＢＡと出会っていなかったら、ここまでの成長はなかったと思います。

私が息子を相手に実践してきた言葉かけの中で効果があったものを、悩んでいるお母さんたちに紹介すると予想外の反響があり、「好評だった言葉かけを、もっとたくさんの人に伝えたい！」と思うようになりました。そして、言葉かけにとどまらず、親と子がともに笑顔になれる「行動のコツ」をまとめたのが本書です。ＡＢＡの理論や専門用語を保護者の立場からできるだけわかりやすく説明するように心がけました。この本がＡＢＡの理解や実践のための足がかりとなり、一人でも多くの悩めるお父さん、お母さんのお役に立てば幸いです。

ｓｈｉｚｕ

こんなことで悩んでいる人に役立ちます！

この本は、私自身の子育てや、支援者として多くのお子さんと関わってきた経験のなかから、親も子も笑顔になれる「行動のコツ」をまとめたものです。とくに、次のような悩みに効果的です。

子どもが目を合わせてくれず、声をかけても反応がなく、どう関わっていいかわからない。
➡簡単な遊びで心を通わせるコツがわかる
……第1章、第4章へ

子どもの言葉が遅れているけれど、どのように話しかけていいかわからない。
➡日常生活の中でタイミングよく言葉かけをするコツがわかる
……第7章へ

一日じゅう子どもを叱っていて、イライラする。
➡子どもの行動を客観的に分析し、対処するコツがわかる
……第2章、第6章へ

何度同じことを言っても、子どもが言うことをきかない。
➡子どもに届きやすい指示の出し方のコツがわかる
……第5章へ

ほめてくださいと言われても、子どものどこをほめていいかわからない。
➡子どもが普通にしているときにほめるコツがわかる
……第3章へ

ブックデザイン●アルビレオ
本文イラスト●得能史子
本文デザイン・ＤＴＰ●長橋誓子
構成●伊藤淳子

発達障害の子どもを伸ばす

魔法の言葉かけ

第1章

ABAを利用した言葉かけのすすめ

ABAの基礎知識

ABAって
なに？

ABAを利用するとこんな働きかけができます

ABAを利用すると、子どもに対してどんな働きかけができるのでしょう？　また、それによってどんな効果が得られるのでしょうか。

目標を小刻みに設定し、チャレンジさせる

よい行動が定着しやすい
ありがとう！ママ助かるわ♪

よい行動が定着しにくい
あっ、乱暴に置かないで！
もうお手伝いしたくない……

子育てで大切なのは、「ほめること」「自信をつけさせること」、その結果として「子どもの笑顔を引き出すこと」ではないでしょうか。その笑顔が見られれば、親自身も幸せなのです。

ところが発達障害を抱える子や育てにくい子どもの場合、叱《しか》られることが多く、自信をなくし、自己肯定感が低くなりがちです。

そんな子どもの療育に取り入れたい、ＡＢＡを利用した働きかけとはどんなものでしょうか。

❶課題を細かく分け（＝スモールステップ）、できたらほめ、成功体験を重ねて自己肯定感を高める

たとえば縄跳びを始めると、すぐに軽々跳べるようになる子どもがいる一方で、コツがわからず縄を回すことさえできない子もいます。それに対して親は「そうじゃないでしょ」と怒ったり、「運動神経がないのね」と早々にあきらめる、といった反応をしがち。

一方、ＡＢＡでは、まず子どもが何につまずいているかを観察し、課題を細かく分けていきます。縄がうまく回せない子の場合なら、たとえば縄を短く切り、これを片手で回すことから始めます。できたらほめ、次は脇をしめた状態で回せるように……と、目標を小刻みに設定してチャレンジさせます。こうすると子どもはほめられる回数が増えて成功体験が増し、自然と自

成功体験を重ね、子どもの自己肯定感を高める

己肯定感が高まるのです。

❷定着させたい行動を、ほめることによって強化する

右ページのイラストのように、子どもが食べ終わった食器を流しに運ぶのを手伝ってくれたとき、「ありがとう、ママ助かるわ」とほめると、また手伝ってくれる確率が高まります。この場合、ほめることによって食器を運ぶという行動が強化されるのです。

一方、「乱暴に置かないで」とケチをつけると行動は強化されず、次に手伝ってくれる確率は低くなります。

親はついあら探しをしがちですが、ＡＢＡでは、ほめることを重視します。それによって望ましい行動が強化され、繰り返すことで定着するという好循環が生まれます。

＊　＊　＊

自閉症の子どもは、みんなでダンスをするときなどにどうしていいかわからず、棒立ちでいることが多いようです。息子の空《そら》もそうでした。でも幼稚園の年中のとき、運動会の練習中に、それまで棒立ちだった息子が次第にダンスの動作ができるようになり、ついには１曲踊れるようになったのです。指導の先生が、背後から息子の手をとって声をかけながら、少しずつ動作を補助してくれたおかげです。

無表情で棒立ちしていたり、嫌がっている子どもを見ると、親はかわいそうな目にあわせているんじゃないかという罪悪感に陥《おちい》り、「無理はさせたくない」と何も働きかけなくなりがちです。でも、何も働きかけないと、結果として子どもの可能性を狭めてしまうかもしれません。

ＡＢＡを利用して子どもに働きかけるときに私が心がけているのは、子どもの可能性を信じ、ポジティブな気持ちで積極的に関わっていくことです。

ABAを利用した働きかけを行う上で大切なポイント

ABAを利用した働きかけを実践するにあたって、押さえておきたいポイントが8つあります。まずはこれらをしっかりと頭に入れましょう。

ポイント1 親と子のいい関係を築こう

ＡＢＡを利用した働きかけを実践する前に、まずは子どもが親のことを「パパやママといっしょにいると楽しいな」「パパやママのことは信頼できる」と心から思うことができ、また親のほうも「この子と過ごすのは楽しい」と感じられるような関係を築いてください。すべての出発点はここにあります（→20ページ）。

ポイント2 スモールステップで成功体験を重ねよう

ひとつの課題をできるだけ細かいステップに分け、１回の目標達成レベルを低くします。そのステップをひとつひとつ達成しながら成功体験を重ねていくと、それが子どもの自信となって、大きな課題達成につながります（→22ページ）。

ゴール
ステップ5
ステップ4
ステップ3
ステップ2
ステップ1
スタート

ポイント3 ほめ言葉を効果的に使おう

与えられた課題をクリアすることができたときには、どんなささいなことでもこまめにほめてください。子どもにとっては、ほめ言葉が何よりのごほうびです（→24ページ）。

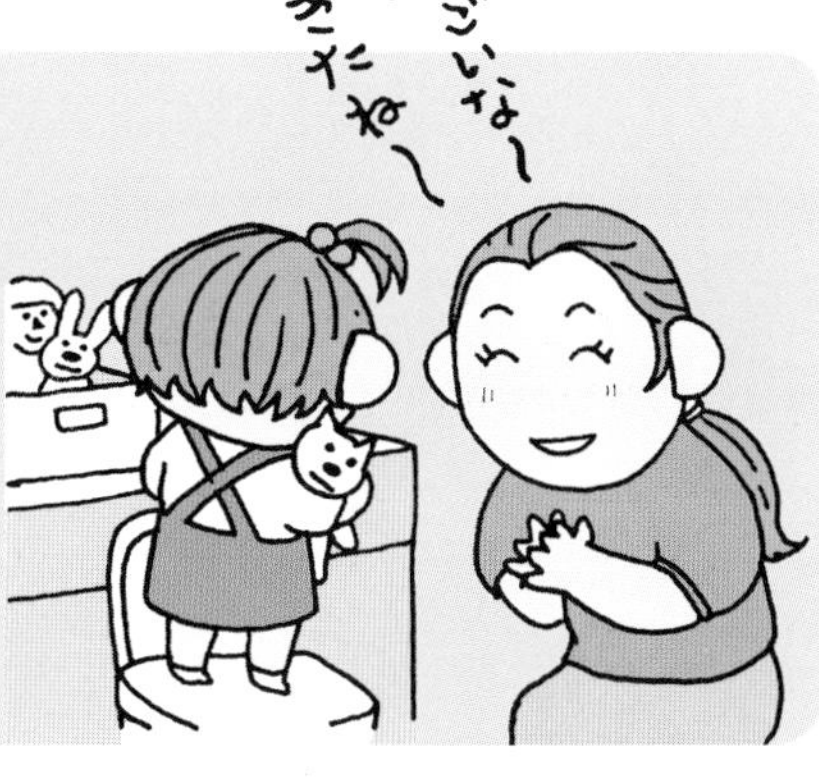
すごいな～
よくできたね～

ポイント4 できない課題には手助け（プロンプト）を

与えられた課題が難しいときには、言うべき言葉を親がさりげなく口に出したり、子どもの背後から苦手な動作を補助するなどの手助け（プロンプト）をしましょう。プロンプトのしかたにもいくつかのコツがあります（→26ページ）。

ポイント5 コンプライアンスを築こう

ＡＢＡでいうコンプライアンスとは、子どもが療育の指導者に従う姿勢のこと。子どもの言うことを受け入れるばかりでなく、必要に応じて親が毅然《きぜん》とした態度をとり、指示に従わせる（＝コンプライアンスを築く）ことも大切です（→28ページ）。

ポイント6 繰り返して、記憶や行動を定着させよう

記憶や行動を定着させるには、繰り返して覚えさせることが重要です。発達障害を抱える子どもは特に、何十回にも及ぶ徹底的な繰り返しが必要な場合もあります。効果的な繰り返しで学習効果を高めましょう（→30ページ）。

ポイント7 必ず成功体験で終わりにしよう

できないことを、叱られたつらい記憶のままで終わりにすると、やる気をなくしたり、親子関係の悪化につながります。最後はほめられた楽しい記憶で終了できるように、課題の与え方や言葉のかけ方を工夫しましょう（→32ページ）。

ポイント8 課題を設定し、記録をつけよう

取り組むべき課題を決め、それに沿って集中的に関わっていきましょう。また、課題の進行状況、その日の子どもの様子などを、簡単でもいいので記録に残してください。過去の記録を振り返ることで子どもの成長を感じたり、新たな指導ポイントが見えてくることもあります（→34ページ）。

ポイント❶

親と子のいい関係を築こう

ABAを実践し成果を得るためには、親と子がいい関係を築けていることが理想です。それがないとABAの療育の効果は限定的です。

ABAの効果を高める、親と子のいい関係とは？

臨床心理学では、セラピストと対象者が互いに信頼し合い、安心して心の交流ができる状態を築くことを「ラポール形成」と呼びます。

親が子どもにABAを利用した働きかけを行う場合も、まず親と子の間でラポール形成ができていることが理想です。

具体的にいえば、子どもはパパやママが大好きで、パパやママといっしょにいると安心できること。そして親のほうも、わが子を愛《いと》しいと思えること。そういう関係が築けていれば、子どもの自己肯定感も高まります。

発達障害を抱える子どもや、問題行動が多くて育てにくい子どもの場合、親はその行動に振り回されてしまうため、つい口うるさく指示したり、叱ったりすることが多くなります。それに対して子どもは反抗的な態度をとるか、あるいは指示が耳に入らないため反応がにぶくなりがちです。そうなると親は、子どもといっしょにいても、心から楽しいと感じることができなくなってきます。

そんなときは、体を使ったスキンシップ遊びから始めることをおすすめします。詳しくは、第4章をご参照ください。

親が楽しそうにしていると子どもも

ラポール形成された
親子の関係
いっしょにいると安心
できる、大好き
笑顔には笑顔が
返ってくる
（鏡の法則）
愛しい

親は子を愛しく思えること、子は親が大好きで、いっしょにいると安心できること。この関係を築くことがＡＢＡ実践の第一歩

笑いとスキンシップは、親子関係の潤滑油

楽しくなり、互いに笑顔が増えていい関係が築けてきます（鏡の法則）。そうなれば、子どもも素直に指示に従うようになってきます。

まだＡＢＡを独学の自己流でやっていたころ、私は課題をなかなかクリアできない息子の空にイライラし、空を好きだと思えなくなったことがあります。親子ともども、しだいに精神的に追い詰められていきました。

そんなある日、空を連れて実家に行くと、子どもと遊ぶことが上手な叔父が来ていて、さっそく空と遊んでくれました。その姿をぼーっと眺めていると、空が満面の笑みを浮かべているではありませんか。私は愕然《がくぜん》としました。

「そういえば、空の笑顔をしばらく見ていなかった……」

そのとき改めて、子どもとのあいだにいい関係を築くことの大切さと、その関係の中から生まれる笑顔の素晴らしさに気づかされました。

その当時の私は、空に「遊ぼう」と声をかけてもまったく反応がないことが虚《むな》しくて、「この子は私と遊ぶのがつまらないんだ」と思い込み、自分から働きかけていくことを、すぐにあきらめていました。

ところが叔父のように遊び上手な人は、子どもの反応が悪くても動じることなく、自分から楽しんで「しつこく」働きかけていたのです。

大切なのは、まず大人が率先して楽しむこと。そうすれば最初は興味を示さなかった子どもも、そのうちだんだん楽しそうな様子になってくることに気がつきました。

子どもと接するときに欠かせないのが笑いとスキンシップです。笑いは心を解きほぐします。人に関心を示さないことが多い自閉症の子どもも、思わず笑ってしまう出来事には反応を示すことが多いものです。また、スキンシップは子どもに安心感を与えます。

空は勉強しているとき、答えを間違えると腹を立て、自分で自分の頭をたたくことがありました。そんなときは頭をたたこうとする手をおさえ、「『あっ、まちがえちゃった』と言えばいいんだよ」と教えました。そして、「ママのチューが足りないのねえ」とあちこちにキスをしたり、ものまね口調でおもしろおかしく問題を読み上げたりしてみました。すると空が笑顔になり、それを見て私もイライラが吹き飛びました。二人の笑顔が増えるにつれて空の自傷行為は減っていき、最終的にはなくなりました。

笑いとスキンシップは、いい親子関係を築く潤滑油だとつくづく感じています。

ABAの基礎知識

ABAってなに？

ポイント❷

スモールステップで成功体験を重ねよう

子どもに自信をつけさせ、やる気を引き出すコツは、目標設定を小刻みにすること。その積み重ねが、やがて大きな目標達成につながります。

ABAの特徴の一つは、目標を達成するために課題を細かく分けて取り組ませること（スモールステップ）です。目標とする課題を、子どもの状況に合わせて細かいステップに分け、ステップごとに目指すレベルを小刻みに上げていきましょう。課題がクリアしやすくなり、ほめられる回数が増えて自信がつきます。

私が、友人とその娘の花子ちゃんといっしょに公園に遊びに行ったときのことです。花子ちゃんは平均台に上がったのですが、怖くて一歩も動けなくなりました。こんなとき、あなたが花子ちゃんの親なら、どんな対応をしますか？

このページの漫画のように、親は子どもに期待をかけ、叱咤激励《しったげきれい》しがちです。それでうまくいかないとイライラし、子どもは親のイライラを感じることでさらに萎縮します。その結果に失望した親は、「いくじなしね」「やっぱりダメね」といった言葉をかけてしまうこともあります。

これでは、子どもは「自分はダメな子」と、自己否定する気持ちだけが残り、新しいことにチャレンジしようと

✕ 親の叱咤激励が子どもを萎縮させる

目標を小刻みに設定し、「できたらほめる」を繰り返す

する意欲がなくなります。

その後、友人に代わって私がスモールステップで花子ちゃんに対応してみました。それが左の漫画です。

私はまず、花子ちゃんが平均台の上に立っている位置から一歩先のところに手を置き、「ここまでいいよ」「ここまで来れるかな？」「ここまででいいよ」と声をかけました。すると、平均台の端《はし》まで歩くという果てしないものに感じられていた目標が、距離が短くなったことで届きそうな目標に変わり、「それならできるかも」と、花子ちゃんの意識も変わっていきました。その結果、固まっていた状態から一歩を踏み出すことができたのです。

このとき大切なのは、たった一歩でも、「すごいね！」とすぐにほめ、その行動を強化することです。ところが、完全にできる（最終目標達成）までほめない人も少なくありません。

第一歩がクリアできたら、「じゃあここまで来れる？」ともう一歩先に手を置き、次なる目標を設定します。そして少しずつ距離をのばし、できたらほめるを繰り返します。その積み重ねが、平均台を端まで歩き通すという大きな目標達成につながるのです。

ただし、途中で子どもが「いや」と言った場合、無理じいはしないでください。「ここまででいいよ」と言った最初の目標は達成できたのだから、子どもの意思を尊重しましょう。そして達成感の記憶が残るように、「やったね、一歩進めたね」ともう一度ほめ言葉をかけて終わりにしてください。

ポイント❸

ほめ言葉を効果的に使おう

ママやパパの笑顔とほめ言葉は、子どもにとってはうれしいごほうび。がんばったときは、出し惜しみせず気前よく与えましょう。

ほめ言葉は、適切な行動の直後にかけよう！

子どもが、それまでできなかったことができるようになったり、課題をクリアできたときには、どんなにささいなことでも、すぐに笑顔でほめましょう。前ページでも述べたように、ほめることでその行動が強化され、繰り返しできるようになるのです。

なかなか結果が出ない場合でも、「がんばってるね。えらいよ、その調子」などと、努力して取り組んでいる過程をこまめにほめてください。その言葉が励みになり、行動が強化され、課題達成につながります。

普通の生活の中でどんなとき、どんなふうにほめればいいいか、その具体的な方法については、第3章で説明していますので参考にしてください。

ABAでは、ある行動ができたあとに与えるごほうびのことを「強化子」と呼びます。笑顔やほめ言葉も強化子の一つです。

これらの強化子を効果的に働かせるには、ちょっとしたコツがあります。それは、できるだけその行動の直後にほめ言葉をかけること。何でほめられたかわかるように、子どもが適切な行動をとったらすぐにほめましょう。

また、発達障害を抱える子のなかにはほめられていることがわからず、反応を示さない子どももいます。その場合は、強化子としてお菓子やおもちゃを与えてみてください。

ごほうび（強化子）と強化

強化子
ほめ言葉
よくがんばったね！
えらい、えらい！
親の笑顔
強化
よい行動の定着

お菓子のごほうびは、与え方に一工夫

ＡＢＡで学習効果を上げるために強化子としてお菓子を利用することに対しては、「動物の餌《え》づけのようだ」という批判もあります。でも、反応のない子に興味をもたせるために、お菓子のごほうびはわかりやすくて効果的。子どものやる気が引き出せるなら、上手に利用したいものです。

大人だって、仕事が終わったあとのビールを強化子として働く人も少なくありません。

ただし、ごほうびとしてお菓子を与える場合も、必ずほめ言葉をかけながら、できた行動を強化することが大切です。お菓子を与える回数は徐々に減らし、最終的にはほめ言葉だけでモチベーションが上がるようにしていきましょう。

終わったあとのおやつを楽しみに、宿題に励む子ども

終わったあとの１杯を楽しみに、仕事に励むパパ

Dr.平岩からひとこと

子どもとのハイタッチでテンションを高めよう！

子どもをほめることが苦手な人には、ハイタッチがおすすめです。「やったー！」という声をかけながら、親と子が手と手を合わせ、子どもの頭の上あたりで元気よくパッチンとさせます。

この行為には体の動きと音がともないます。これらの刺激によって、親と子のテンションを徐々に高めていく効果もあります。

ポイント❹

できない課題には手助け（プロンプト）を

できないことを無理にやらせても、子どもは失敗を重ねて落ち込むばかり。親が上手に手助けすることで、学習効果が上がります。

子どもが苦手なことや、なかなか達成できない課題に対しては、親が手助けすることも必要です。ABAではこうした手助けのことをプロンプトと呼んでいます。効果的にプロンプトを行うと、スムーズに課題を達成することができます。

17ページで紹介したように、息子の空は幼稚園の年中のとき、ダンスがまったくできませんでしたが、先生が背後から息子の手をとって動作をプロンプトしてくださったおかげで、ほかの子といっしょに踊れるようになりました。

動作をプロンプトする場合は、背後から行うのが基本です。またプロンプトする前に、やり方のお手本を見せることも大切です。

動作の補助だけでなく、指さし行為や言葉によるフォローもプロンプトの一種です。

たとえばまだ物の名前がうまく理解できない子どもに、おやつの時間を利用して「リンゴ、ちょうだい」と声をかけます。このときテーブルの上にはリンゴとバナナが置かれています。このページの漫画は親がプロンプトせ

プロンプトなしで失敗を重ねた場合

おやつの時間
リンゴ、ちょうだい
ちがう！リンゴよ。リンゴ、ちょうだい
……
ちがう！リンゴよ
なんでリンゴがわからないの？

指さしプロンプトで、正解に導いた場合

※色つきの吹き出しはプロンプトを示す

ず、子どもが間違えた場合。ママの怒りのプレッシャーで、思考が停止した状態になりました。

一方、左の漫画では、ママが「リンゴ、ちょうだい」と声をかけながら、タイミングよく指さしてリンゴを教えました（これが指さしプロンプト）。発達障害の子どもには、プロンプトを活用して失敗を少なくする学習（エラーレス・ラーニング）を心がけ、学習意欲を低下させないことが大切です。

プロンプトの結果、正解できたら、ほめることも忘れずに。ただし、プロンプトはあくまでも補助行為です。頼りすぎないよう気をつけてください。徐々にプロンプトを外すことを心がけ、最終的にはプロンプトがなくても正解できるようにしていきましょう。

以下は私の失敗談です。ある日わが家に遊びに来た妹が、息子に「今日、幼稚園どうしたの？」と尋《たず》ねました。その日は運動会の振り替え休日でした。私は息子がそれを説明するのは無理だと判断し、「昨日、運動会で、お休み」と息子の耳元でささやきました。息子はそれをオウム返しに繰り返します。そんなやりとりをしばらく続けていたら、妹から「お姉ちゃん、なんでも耳元でささやかないで！」と言われてハッとしました。

親子ともプロンプトに依存しきっていて、ほとんど無意識のうちに、ささやくことが習慣化していたのです。言葉によるプロンプトは特に、子どもが一人で考える機会をブロックしてしまうので要注意です。

ABAの基礎知識

ABAってなに？

ポイント⑤

コンプライアンスを築こう

子どもの抵抗に負けて、言いなりになってばかりいませんか？　親が主導権をもち、時には厳しい態度で指示に従わせることも必要です。

子どもの言いなりになっていませんか？

自分が注意したことに対して子どもが激しく抵抗すると、親は罪悪感を覚えたり、反抗的な子どもと向き合うことに疲れたりして、結局は言いなりになってしまうことも……。

こんな対応ばかりしていると、子どもは抵抗を続ければ自分の言い分が通ると思い込み、親の指示をきこうとしなくなります。

ときには厳しく毅然とした態度で、親が主導権をもって指示に従わせることが必要です。ＡＢＡでは、子どもに親（療育の指導者）の指示に従う姿勢をもたせることを「コンプライアンスを築く」と言います。

笑顔で働きかけても、コンプライアンスを築くことは可能です。「手を洗ったらおやつだよ」「やだ～」（泣いて拒否）「いやなんだね～。でも洗うよ」こんなふうに笑顔で共感の言葉をかけながら、最終的にいっしょに手を洗えれば、コンプライアンスは築けています。

一方、暴力や、感情的に怒鳴ることで服従させコンプライアンスを築いても、子どもの心は育ちません。遊びのときなどは、危険なこと、人に迷惑を

コンプライアンス——サリバン先生とヘレン・ケラーの場合

かけること以外は子どもの意思を尊重し、主導権をもたせましょう。

子どもの療育にとって、コンプライアンスを築くことがいかに大切か、それを実証的に物語るのが、ヘレン・ケラーとサリバン先生の関係です。

ヘレン・ケラーは1歳7ヵ月のとき原因不明の高熱がもとで聴力と視力を失い、見ること、聞くことはもちろん、話すこともできずに育ちます。しかしその三重苦を克服し、成人した後は世界各地を歴訪しながら、障害者の教育と福祉に力を尽くしました。

アン・サリバン（サリバン先生）はヘレンが7歳のときから教育係を務めました。ヘレンが障害を克服し、社会に出て活躍する基礎はサリバン先生がつくったといっていいでしょう。

サリバン先生が家庭教師としてケラー家にやってきた当時、ヘレンは周囲から腫《は》れ物に触るようにして扱われた結果、食事は手づかみで食べ、言葉も理解できず、本能のまま生かされているような状態でした。家族はヘレンにどう接していいかわからず、また重い障害のあるヘレンのことを不憫《ふびん》にも思い、彼女に対してコンプライアンスを築くことができずにいたのです。

それに対してサリバン先生は、ヘレンに残された触覚を頼りに、彼女の手を取って根気よく指文字を教える一方、スプーンやナプキンを使ってきちんと食事をすることができるようにしつけました。

最初のうち、ヘレンはサリバン先生を受け入れようとせず、それを見た父親は彼女の教育方針を批判しますが、サリバン先生は態度を変えませんでした。一貫して自分が主導権をもち、ヘレンに対してしっかりとコンプライアンスを築いていったのです。

このときサリバン先生がヘレンに屈していたら、ヘレンは一生言葉を覚えることもなく、ずっと手づかみで食事を続けていたかもしれません。

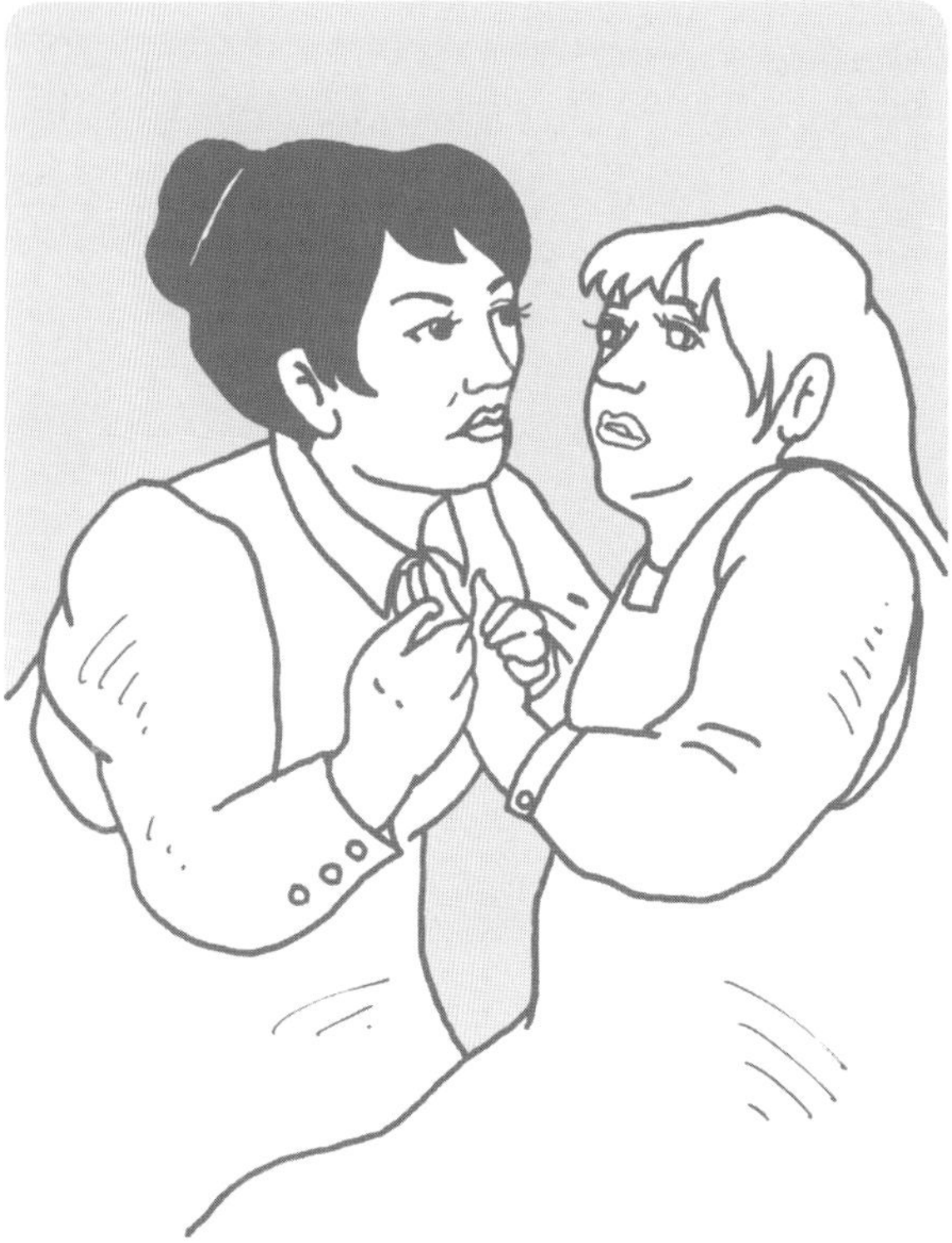

激しくぶつかり合いながらも一貫して主導権をもち、ヘレンの可能性を信じて粘り強く療育を続けたサリバン先生の熱意が奇跡を起こす。サリバン先生がヘレンに向き合う姿勢は、あきらめずに働きかけを続けることの大切さを教えてくれる

ポイント❻

繰り返して、記憶や行動を定着させよう

記憶や行動を定着させるためには、何度も繰り返すことが大切です。楽しんで自然に反復学習ができるような工夫をしてあげましょう。

繰り返しには根気よく付き合おう

言葉を覚えさせる場合、定型発達（発達の段階がおおむね標準に沿っている）の子どもなら特別なことをしなくても自然に覚えていきますが、発達障害のなかでも自閉症の子どもの多くは、何十回となく繰り返さないと覚えられないことがしばしばです。

ですから、子どもの記憶や行動を定着させるには、繰り返し練習することが必要なのです。

記憶をより定着させるためには、一度学習したことを復習（再記憶）するまでの時間が短いほうが効果が上がります。ドイツの心理学者エビングハウスの忘却曲線によると、100パーセントの記憶が、学習後1時間で44パーセント、24時間では26パーセントまで低下するという数値が出ています。ハンディキャップをもつ子どもの場合はさらに低くなるでしょう。

楽しみながら無理なく反復学習できる工夫を！

つまり、記憶を定着させるには、できるだけ短い間隔で繰り返し覚えさせるのが効果的です。

たとえば、朝起きた直後に「あ」のカードを見せて教えたら、昼と夜、短時間でも繰り返し見せて、記憶を定着させましょう。

「あ」のカードを部屋ごとに貼《は》っておき、子どもといっしょにカード巡《めぐ》りをするのはどうでしょう。これなら楽しく覚えられます。また、一日に何度も開け閉めする冷蔵庫のドアやトイレの壁などに貼っておくのもいいですね。これなら目につくたびに、無理なく楽しんで学習することができます。

親がコーチとなって、子どもが繰り返し覚えることをいやがらないように工夫しましょう。

繰り返しが必要なのは、言葉を覚えるときだけでなく、動作を定着させる場合も同じです。一度できたことでもそれで満足せず、短期間のうちに何度も繰り返し、しっかり覚えられるようにしてください。

一日に何度も
繰り返し学習させると……
あ〜あ、あ〜「あ」
ターザンのまね
あ
あ
これは？「あ」
あ
あ
これ、何だ？
あっ、また「あ」だ！
あ

Dr.平岩からひとこと

なかなか結果が出なくても簡単にあきらめないで

定型発達の子どもは、物事を少しずつ段階的にマスターしていくので、進歩の過程が手に取るようにわかります。

それに対して自閉症の子どもは、何度やってもできなかった動作が、あるとき急にできるようになったり、何度学習しても覚えられずにいた言葉が、急に全部覚えられるようになったりすることがあります。

ポイント⑦

必ず成功体験で終わりにしよう

叱られたつらい記憶で一日を終えると、子どもは意欲をなくします。ほめられた楽しい記憶で終了できるよう、一工夫しましょう。

最後にほめて楽しい記憶を残す

今日もがんばったね。えらい、えらい！
明日もこの調子でがんばろうね

できないことを叱りながら何度もやらせて、最後は親も子も疲れてしまい、「ああ、今日はもうダメね。やめたやめた……」と働きかけを終わりにしてしまうことはありませんか？

これは子どもにとってはとても悲しいことです。叱られたつらい記憶だけが残り、次の日同じことをやらせようとしても、子どもはまた叱られるんじゃないかと萎縮して、やる気が起きなくなります。最悪の場合は、親子の信頼関係を損ねてしまいかねません。

たとえそれまでに、できたことをほめていたとしても、最後に叱られたというマイナスの記憶のほうが強く残りやすいので、ほめられたというプラスの記憶を打ち消してしまうのです。

最後は必ずほめて終わりにし、子どもに楽しい記憶が残るように心がけましょう。

子どもを責める言葉で終わっていませんか？

たとえば左の漫画のケースでほめて終わるには、どうすればいいのでしょう。今日は積み木を3個積むのは無理だと判断したら、最後に「じゃあ、もう一度、2個積んでみようか」と、それまでできていたことをやらせてください。それができたら「うん、いいよ。上手に積めたね」とほめて終わりにしましょう。

子どもが何度も失敗するのは、教える側のやり方に問題がある場合がほとんどです。スモールステップ（22ページ）になっていなかったり、プロンプト（26ページ）が不十分で何度も失敗させたり……。子どもを責める前に、自分の教え方に問題がないかどうか、冷静に振り返ることも必要です。

特にわが子に対しては、「こうあってほしい」と願う気持ちが強いため、思い通りにいかないと「なんでこんなこともできないの？」と必要以上に責めてしまいがちです。ほかの子どもには寛容になれることでも、わが子には活火山のごとく怒りの感情がわき上がることはありませんか？　そんなとき、親の表情からは笑顔が消え、ほめることを忘れています。

もし、あなたが子どもの立場だったらどうでしょうか？　できないことで何度も怒られて一日が終わったとしたら……。自己肯定感は得られにくくなりますよね。

だからこそ成功体験で終わりにして、楽しい記憶が残るようにすることが大切です。そのポジティブな気持ちが、新たなやる気につながります。

ABAの基礎知識

ABAってなに？

ポイント❽

課題を設定し、記録をつけよう

目標の設定と事後の振り返りのために、短期的に集中して取り組む課題を設定し、毎日の療育の記録を残しておきましょう。

課題には短期集中で取り組み、行動を定着させよう

朝、その日にやるべきことをリストにしてから行動するとテキパキ動けるのと同じように、ＡＢＡを利用した働きかけを実行する際にも、その日の気分や思いつきではなく、決めた課題に沿って、どう子どもと関わっていくかを常に意識しておくことが重要です。

まず、1週間から1ヵ月単位で集中的に取り組みたい課題をリストアップしてみましょう。左のイラストの例を参考にしながら課題を書き出し、これを冷蔵庫のドアやトイレの壁など目立つところに貼っておきます。手帳を使う習慣のある人なら、手帳に書いておくのもいいですね。

こうすることで取り組むべき課題や目標が明確になって親のやる気がアップし、精神的にも安定してきます。そうなると、子どもにも余裕をもって接することができるようになります。

課題をリストアップしたら、間《ま》をおかずにできるだけ集中的に取り組んでください。

たとえば雨の日に子どもが傘を上手にたためないのを見て、「傘をたたむ練習をする」という課題を設定したとします。その場合、次に雨が降って傘を使ったときに再び練習するのではなく、短時間でも次の日も練習するなど集中して取り組むのがポイント。短期間の繰り返しが、記憶や行動を定着させるのです。

課題リストの一例

今月の課題
●目合わせの練習
●指さしの練習
●歌いながら手遊び
●毎日２冊絵本を読む
●配膳の手伝いをさせる
●一日30回ほめる
今月の課題

日々の記録は療育の励みやヒントにつながる

また、どんな形でもいいので、子どもの課題の進みぐあいや、その日の様子などの記録を残しておきましょう。

日々の子どもの変化は感じることがむずかしくても、1年前と比べるとうれしい成長に気づくことができます。それが療育の励みになりますし、行き詰まったときにも、過去の記録を振り返ることで、どうしたらいいか、子どもに対する指導のポイントが見えてくることがあります。

文章を書くのが苦手な人はイラストや写真中心の日記でも構いません。パソコンを活用するのもいいですね。自分の得意な方法で、楽しんで続けることが一番です。

「1年前はこんなこともできなかったのね。それに比べたらいまは大したものだわ……」子どもの様子を記録しておくと、あとで振り返ったときに進歩を感じることができます。得意な形式で、とにかく続けることが大切です

Dr.平岩からひとこと

他人の子どもと比較するのはやめましょう。過去と現在を比べて成長をほめてあげてください

親はとかく、わが子を周《まわ》りの子どもと比べて「○○くんはもうこんなこともできるのに、うちの子はまったくダメだ」とか、「幼稚園のクラスでこれができないのはうちの子だけ。どうしよう」などと不安になりがちです。

こんなふうに横方向の比較ばかりしていると、悩みはどんどん深くなり、子どもと向き合う意欲も減退しかねません。

それよりも、縦方向、つまり時間の経過の中で比較しましょう。1ヵ月前、1年前と比べると、できることが増えているのが実感できます。そのことは、子どもの成長を支えている親の自信にもつながります。

横方向で比較して一喜一憂せず、常に縦方向で考えることを心がけましょう。その際にも毎日の記録が役に立ちます。

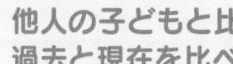

コラム

可能性を信じて働きかけを続けよう

ケガや病気で身体の動きが不自由になったとき、「リハビリすれば動くようになる」と言われたら、それがかなりつらくても、多くの人はあきらめずにチャレンジするでしょう。

発達障害を抱える子どもに対しても同じことが言えます。障害を抱えることから生じる生活上の困難を、ＡＢＡによって改善できる可能性があるのなら、チャレンジしてみる価値はあるはずです。「あるがままでいい」と、わが子をただ見守るだけでは、状況は変わりません。

29ページで紹介した、サリバン先生がヘレン・ケラーには不可能だと思われていたことを可能にしていったエピソードのように、子どもの可能性を信じて働きかけを続けましょう。「この子には無理だ」と思い込み、働きかけをしないことは、結果としてその子の可能性を狭めることになるかもしれません。

あるテレビドラマの中で感銘を受けた台詞《せりふ》があります。

「自分には無理だとあきらめている人には、絶対に奇跡は起きません。自分には無理だとあきらめるのは、実行しないことと同じです。奇跡を信じて努力や実行をする人に『奇跡』は訪れるのです」

ＡＢＡによって大きく伸びる子どももいれば、そうでない子どももいます。ＡＢＡの効果がどの程度あらわれるかは、やってみなければわかりません。

でも確実に言えることは、「いつかできるようになる」とあきらめずに働きかけを続ければ、はじめのうちは点のようなささやかだった効果が、やがて確かな線となり、その子なりのうれしい成長が、必ず見られるはずだということです。

第2章

ABC分析で子どもに対するイライラを減らそう

実践ポイント
ABC分析を活用

ABC分析ってなに？

問題行動への適切な対処法を導き出すためにABAで活用されるのが、ABC分析という手法です。どんな場面で役に立つのでしょうか。

客観的に分析して対処する

子どもを育てにくいと感じている親は、子どもの悪い行動が目についてしまうため、どうしても叱る回数が多くなりがちです。気がつくと一日じゅう叱ってばかりいた、ということもあるのではないでしょうか。

叱られてばかりいると子どもは自己肯定感が低くなってしまい、そのことが、かんしゃくや反抗など、問題行動を起こす要因になります。そうなると、親のほうも自己肯定感を得ることが難しくなり、親子で悪循環に陥ってしまうのです。

ABAでは、その悪循環を断ち切るために、まず子どもの行動を客観的にとらえた上で適切な対処法を考えることをすすめています。そのために活用されるのが、ABC分析という行動心理学では一般的な手法です。

ABC分析ではある行動を、前の状況（Antecedent）→行動（Behavior）→結果（Consequence）の3段階に分けて見ていきます。その行動がどういう状況で起きたかということまで遡《さかのぼ》って、どうすればよりよい行動に変えていけるのか、その対処法を考えていくのです。客観的に分析することで子どもの行動にイライラさせられることが減り、叱る回数が少なくなるので、親のストレスも軽減されます。

たとえば、スーパーのお菓子売り場で子どもがお菓子をねだって泣きだ

A
前の状況
お菓子買って！
ダメ！今日は買いません。お菓子、おうちにたくさんあるでしょ！
クッキ

「お菓子を買って」とねだる子どもに対して、親は「今日は買いません」と拒否

子どもの行動を３段階に分け、

B 行動
うぇ〜ん 買って買って〜！
コラ、やめなさい

要求が通らないので、
子どもはひっくり返って泣く

C 結果
わかった。買ってあげるから
やった！
クッキー

親は仕方なくお菓子を買い与え、
子どもが泣きやむ

し、それをなだめるために、親がお菓子を買い与えるという光景を見かけることがあります。これをＡＢＣ分析でとらえたのが上のイラストです。

まず「お菓子買って！」と子どもがねだり、親が買うのをしぶっているのが前の状況（Ａ）。それによって子どもがとった行動（Ｂ）が、ひっくり返って泣くこと。その結果（Ｃ）、お菓子を買ってもらって泣きやみました。

この場合、子どもはひっくり返って泣くことで自分の要求が通ってお菓子を買ってもらえたので、「泣けば欲しいものが手に入る」ことを学習しました。つまり、親がお菓子を買い与えたことが、Ｂの困った行動を強化してしまったことがわかります。さらに、子どもが親に対して完全に主導権を握っている関係も見えてきます。

では、親が子どもから主導権を取り戻し、ひっくり返って泣くという行動を改めさせるには、どう対処すればいいのでしょう。次ページから、ＡＢＣ分析を使って具体的な対処法を考えてみましょう。

実践ポイント
ABC分析を活用

ABC分析で困った行動に対処する❶

まずは子どもの抵抗に屈しないという対処法から。この場合に大切なことは、方針を曲げないという親の一貫した態度です。

お菓子売り場でひっくり返って泣くという困った行動をなくすための対応策としてまず考えられるのは、子どもの行動に屈せず、お菓子を買い与えないことです。その一連の行動をABC分析したのが左のイラストです。

この場合、子どもは泣いてもお菓子が手に入らないことを学習しました。このケースで重要なのは、「親は方針を曲げない」ということです。

38～39ページのケースで、子どもは泣いてお菓子が手に入った経験があるため、要求が通らないと、「おかしいな、泣き方が足りないのかな？」と思ってしまいます。そしてほとんどの子どもは、泣き方がさらにパワーアップするのです。

そうなると、周囲の目も気になり、親は抵抗に屈してお菓子を買い与えてしまいたくなりますが、ここで方針を曲げてしまったら元の木阿弥《もくあみ》です。

子どもは、一度はダメと言われてもさらに激しく泣けば自分の要求が通ることを覚えてしまうため、次は最初から泣き方がパワーアップします。つまり、親が方針を曲げてお菓子を買い与えることが、ひっくり返って泣くという困った行動を、より強化してしまうことになるのです。

親が方針を貫きとおし、子どもがあきらめて泣きやむことができた場合は、「よくがまんできたね」と笑顔で

A
前の状況
お菓子買って！
ダメ！今日は買いません。お菓子、おうちにたくさんあるでしょ！

「お菓子を買って」とねだる子どもに対して、親は「今日は買いません」と拒否

C（結果）の行動を変えて対処

B
行動
うぇ～ん
買って
買って～！
コラ、
やめなさい

子どもは要求が通らないので、ひっくり返って泣く

C
結果
いくら泣いてもダメ。
今日は買いません

子どもはお菓子を買ってもらえずさらに激しく泣くけれど、親は方針を曲げない

ほめてあげましょう。この場合は、親の笑顔とほめ言葉が、泣きやんでがまんするという行動を強化します。この行動を繰り返すことによって、子どもはしだいに最初から泣かなくなってきます。

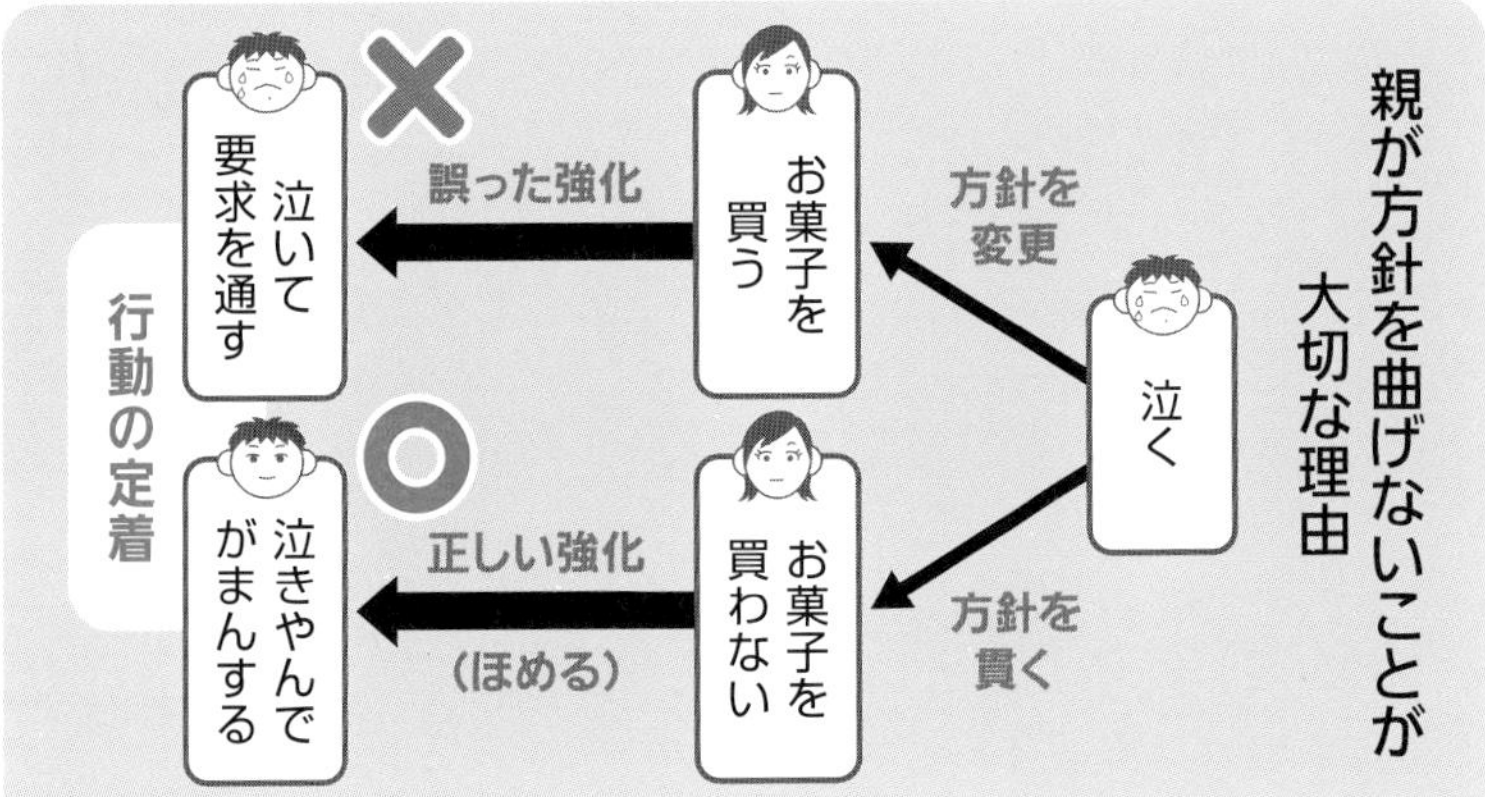
親が方針を曲げないことが大切な理由
泣く
方針を変更
方針を貫く
お菓子を買う
お菓子を買わない
誤った強化
正しい強化
（ほめる）
泣いて要求を通す
泣きやんでがまんする
行動の定着

実践ポイント

ABC分析を活用

ABC分析で困った行動に対処する❷

困った行動に対処するには、その行動が起こる前の状況を変える方法もあります。その一つ、「事前予告」はいろいろな場面に応用できます。

事前予告を徹底する

40～41ページのケースは、結果（C）を変えることで困った行動に対処する方法ですが、次に紹介するのは、困った行動が起こる前の状況（A）を変えるという対処法です。これは、いろいろな場面で役に立ちます。

具体的には、左のイラスト（A）のように、スーパーに入る前に「今日はお菓子は買いません。泣いたら外に出ます」と、子どもに対して事前予告をします。そして、最後に必ず「わかった？」と問いかけ、確認させるのがポイントです。

左ページB－1は、「泣いたら外に出る」という事前予告が効果を発揮し、子どもがお菓子売り場の前で泣かずにがまんできたケースです。この場合、親はC－1のように「よくがまんできたね、えらいね！」と笑顔でほめましょう。ほめ言葉が強化子となり、泣かずにがまんするという行動が強化されます。

しかし、事前予告が効果を発揮するケースばかりではありません。特に「泣けば要求が通る」ことを学習してしまった子どもは、事前予告を聞き流してしまう可能性が高いのです。

では、予告したにもかかわらず、子どもがお菓子売り場でひっくり返って泣き出したB－2の場合はどうしたらいいのでしょう。

C－2のように、「さっき約束した

A
前の状況
大安売り
今日はお菓子は買いません。泣いたら外に出ます。わかった？
うん

スーパーに入る前に「今日はお菓子は買いません」と、親が事前予告する

A（前の状況）の行動を変えて対処

●事前予告が有効な場合

泣かなかったことをほめられる

●事前予告が有効でない場合

約束どおり外に連れ出される

とおり、泣いたから外に出るよ」と声をかけ、子どもを店の外に連れ出します。そして子どもが落ち着くのを待ち、泣きやんだところで、「がまんできたね、えらいね！」とほめましょう。

このように、事前予告し、泣いたら外に出るという対応を繰り返すことで、子どもは「泣いても通用しない、泣いても無駄」ということを学習し、しだいに泣くことが減ってきます。

ところが、泣いている子どもを外に連れ出そうとして激しく抵抗されると、周囲の目が気になり、事前予告したとおりに対応できないことがあります。お菓子は買わなくても、手持ちの飴《あめ》などを与えて機嫌をとりながら買い物を続けたとしたらどうでしょう。

「親は言うだけで実行しない」と子どもに見すかされ、困った行動はなかなか改まりません。ここでも一貫した対応が重要なのです。

「レストランで騒いだら外に出るよ」「お友達をたたいたら帰るよ」など、事前予告はいろんな場面に応用できるので、試してみてください。

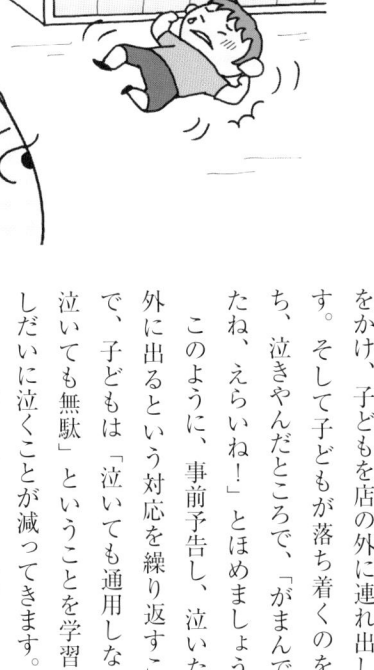

私の失敗体験1

「ありがとう」を忘れていませんか？

一時期、実家に二人の息子を頻繁《ひんぱん》に預けていたことがあります。私の母は孫にとても甘く、特に弟の陸《りく》は、母の前ではわがままの言い放題でした。そして、おやつやおもちゃなどをもらっても「ありがとう」を言わずに受け取る習慣がついてしまったのです。

ある日、陸が私といっしょにいるときに、近所のおばさんからお菓子をもらいました。陸はいつもの習慣で何も言わず、当然のようにに自分のポケットに入れてしまったのです。

私はその態度を見て、このままではまずいと焦《あせ》りました。

その後、二人の息子に事あるごとにありがとうの大切さを教え、ちょっとした物の受け渡しの際にも、必ず「ありがとう」と言わせるようにしました。母にも事情を話し、「ありがとう」を言わないときは物を与えないように頼みました。

ところが肝心の私たち夫婦も、「ありがとう」を忘れていることに気づきました。さっそくその日の夕食のとき、夫にも気づいてもらいたくて、次のようにして反応をうかがいました。

夫「ごはん、おかわりちょうだい」私「どうぞ」（茶わんを差し出す）夫「…………」（テレビを見ながら無言）

私「…………」（ありがとうの言葉がないので、茶わんを持ったまま渡さない）夫（私の顔を見て）「ん？　……あり……がとう？」

私（茶わんを渡しながら）「どういたしまして」

このあと、「ありがとう」や「おはよう」「行ってきます」などの挨拶の言葉を、夫婦で率先して交わそうと話し合いました。

子どもは親の鏡。まずは親が実践する姿を見せることが大切ですね。

第3章

ほめ上手になろう

実践ポイント

ほめ上手になろう

せっかくのほめるチャンスを逃していませんか？

ほめることの大切さはわかっていても、実践するのはなかなか難しいですね。コツは「普通にしているとき、こまめにほめる」ことです。

口を開けば命令や小言になっていませんか？

これまで繰り返し述べたように、ABAを利用した働きかけを実践する上で、ほめることはとても大切です。

ところが親の中には、「ほめろと言われても、何をどうほめていいかわからない」という人もいます。

実際、子どもができなかったことができるようになるなど、特別なことをしたときには思い切りほめてあげようと身構えていても、その機会はなかなかやってこない場合が多いのです。

そうではなく、子どもがあたりまえの行動をしたとき＝普通にしているとき、こまめにほめることが大事。それが、ほめる機会を逃さないコツです。

たとえば食事のとき、子どもの姿勢の悪さが気になったとします。ほめるのが下手な親はこんな対応をしがち。

「ちゃんと背筋のばして」と注意する言葉を聞いて、子どもは背筋をのばし

ほめる機会を逃すと、小言ばかりになりがち

姿勢悪いよ。
ちゃんと背筋のばして
姿勢はよくなったけれど……
……
数分後……
ほら、また姿勢が悪い。
何度言ったらわかるの！
ママは怒ってばっかりだ
姿勢よくしたのにほめてくれない

ます。本来ならここですかさずほめるべきなのですが、「それがあたりまえ」とか、「どうせすぐに姿勢を崩すだろう」などと思っていると、ほめ言葉が出てきません。

そして数分して子どもに目を向けると、案の定、悪い姿勢に戻っていて、「ほら、また姿勢が悪い！」と叱ってしまいます。それを聞いて子どもは再び背筋をのばしますが、親はここでもほめません。それからまた数分後、「姿勢をちゃんとして！　何度言ったらわかるの」と、口調はだんだんエスカレートしていきます。そうなると、子どもは脅《おび》えてますます萎縮するか、逆に反発心を募らせていくのです。

このケースのように、口を開けば小言を言うばかりで、ほめる機会を逃してしまう——。そんな対応に、あなたも心当たりはありませんか。

次ページからは、子どもが「普通にしているとき」にほめることを心がける場合、どんな言葉をかければいいのかを考えてみましょう。

ワンポイントアドバイス

1回叱ったら3回ほめる努力を！

ほめることが大事だといっても、子どもが甘えてやる気が感じられないときは、ビシッと叱ることも必要です。ただし、叱ったあとに適切な行動をとったら必ずほめることをお忘れなく。現在「叱る」がほぼ10割で「ほめる」がゼロの家庭は、少しずつほめる割合を増やしていきましょう。「1回叱ったら3回ほめる」が理想です。

実践ポイント

ほめ上手になろう

ほめるチャンスを逃さない言葉かけ

親の指示を行動に移せたらすぐにほめ、その行動が続いていたら、またほめる。この方法なら一つの行動で2回以上ほめることができます。

一つの行動で2回以上ほめる工夫を

46～47ページのケースで、ほめるチャンスを逃さないためには、どんなふうに言葉をかけたらいいのでしょう。

まず「背筋のばして」と声をかけ、子どもが背筋をのばすことができたら、「そう、それでいいよ」とすぐにほめてください。

子どもはほめられたことで、背筋をのばすという行動が強化され、その姿勢を保とうとするはずです。ですから一度言葉をかけたあとも、子どもの行動に引き続き注目しましょう。30秒くらいたって子どもが姿勢を保持していたら、「姿勢いいねえ。がんばってるね」と、さらにほめてください。

その子にとっていい姿勢を保つことは、意識的に努力してやっていることですから、その努力をねぎらう意味でですから、その努力をねぎらう意味で

背筋のばして
そう、それでいいよ
30秒後……
姿勢いいねえ。がんばってるね
またほめられたぞ。がんばろう
数分後……
さすがだね。姿勢よくてかっこいいよ!

Dr.平岩からひとこと

ほめ言葉を補強する動作のいろいろ

子どもの頭をなでる、笑顔でうなずく、ハイタッチする、抱きしめるなどの動作は、それだけでもほめる気持ちが伝わります。また、ほめ言葉をかけながら行うとさらに効果的。スキンシップやコミュニケーションを深める意味でもおすすめです。

ワンポイントアドバイス

いろんな場面で応用できる、目的別ほめ言葉集

●できたことをほめる
……できた行動を強化し、定着させるのが狙い

「(~できて) かっこいいね」「天才!」「(拍手しながら) すごい!」「いまのいいね!」「(くすぐりながら) 上手~」「さすが○歳だね」「さすが、小学○年生は違うね」

●がんばっている過程をほめる
……実際にはできていなくても、その気にさせてモチベーションを上げるのが狙い

「がんばってるね」「それでいいよ」「その調子」「大丈夫、できるよ」「もう少しで、できそう」「これ難しいのに、がんばってるね」「さっきより上手になってるよ」「いまできなくても、必ずできるようになるよ」「ナイス・チャレンジ!」

●存在を認める
……子どもの自己肯定感を高めるのが狙い

「○○ちゃん、大好き!」「おもしろいね」「笑った顔、かわいいね」「おいしそうに食べるね」「ママ助かるな」「ママ、うれしい。ありがとう」「○○ちゃん、生まれてくれてありがとう」「○○ちゃんといると楽しいな」

もほめ言葉をかけましょう。しばらくたってもまだ子どもが姿勢を保持しつづけていたら、「さすがだね。姿勢よくてかっこいいよ」と、もう一度ほめます。

いかがでしょうか。この方法だと、指示を出して行動に移したときと、いい行動が続いているとき（普通の状態）と、一つの行動で2回以上ほめることができます。

途中で姿勢が崩れてきたときは、「姿勢よく食べられてるかな~」「食べるときの姿勢は?」などと、子どもに考えさせる言葉かけをしましょう。その結果姿勢がよくなったら、もう一度ほめてください。

実践ポイント

ほめ上手になろう

ほめ効果を台なしにする言葉かけに注意

ほめ言葉をかけたつもりが、子どもには伝わらなかったり、よけいな一言を加えて、ほめ言葉の効果を台なしにしてしまうことも……。

最後によけいな一言を加えていませんか？

片づけてくれたの。やればできるじゃない
こんどは言われなくても片づけられるようになってね
えほん

子どもがそれまでできなかったことをできるようになったとき、「すごいね」「えらいね」とほめたまではいいのですが、そのあとによけいな一言を加えて、せっかくのほめ言葉を台なしにすることがあります。

つい言いがちなのが「やればできるじゃない」。親はほめたつもりでも、裏を返せば「いままでやらなかっただけでしょ」と、努力の過程を評価していないとも受け取れます。

さらに注意したいのは「片づけてくれたの、えらいね」に続けて、「次は言われなくてもできるようになってね」「いつもこうだといいんだけど」など、嫌味と受け取れるような言葉を付け加えること。あとの言葉がほめ言葉のプラスの印象を打ち消し、「次もお片づけしよう」という意欲がなくなってしまいます。

ほめたあとで他人と比較するのはやめよう

がんばって嫌いなピーマンを食べた子どもに「えらいね！」とほめたまではいいのですが、そのあとすかさず「○○くんはニンジンも食べられるんだよ。次はニンジンも食べられるといいね」と言ってしまったら、ほめ言葉の効果は台なしです。

親はついついこんな言葉をかけてしまいがちですが、これでは、いまの行動は十分じゃないと言っているようなもの。子どもにとっては、ほめられたことよりも、親に認めてもらえなかったことに対するショックのほうが大きくて、自信もやる気もなくしてしまいます。

ほめ言葉をかけたあとで他人と比較したり、すかさず次の課題を与えるのは、前ページの、嫌味と受け取れる言葉を加えることと同様にさけたいものです。わが子ががんばったことがうれしくて、ほめ言葉のつもりでさらなるがんばりを期待する言葉をかけたとしても、子どもはマイナスのイメージで受けとめてしまうからです。

ピーマンを食べた子どもをほめたまではよかったけれど……

あっ、ピーマン食べたの？えらいえらい！
でも、さとしくんはニンジンも食べられるんだよ
すごいよね
がんばってピーマン食べたのに……
……

⚠ ここに注意

せっかくのほめ言葉を台なしにするNGワード

- **他人と比較する**

「○○くんは、○○もできるんだよ」

- **すかさず次の課題を与える**

「今度は○○もできるようにならないと」

- **ほめ言葉のあとに、嫌味を付け加える**

「きれいに片づけられたね。いつもこんなふうだといいんだけど」「がんばったね。でもこのくらいは、できてあたりまえ」

コラム

目標は一日30回以上！　たくさんほめるコツ

ＡＢＡを利用した働きかけを始めたばかりで、わが子をほめることに慣れていない人におすすめの、「ほめほめ初期プログラム」を紹介します。

普段の生活の中で子どもにちょっとした指示を出し、できないときはプロンプトして実行させ、こまめにほめます。指示を出す頻度は一日に30～50回を目標にしてください。

無反応な子どもであっても、たとえばいっしょにエレベーターに乗ったら「ボタン、押して」と声をかけ、親が手を添えてボタンを押させたら「押せた！　上手！」とすかさずほめます。家の中でほかの部屋に移動するときなどには「ドア、開けて」と指示し、手を添えてプロンプト。ドアが開いた瞬間に「開いた～」と笑顔で声をかけます。このように子どもの行動を親がうれしそうに受け止め、言葉にして伝えるのも、ほめ言葉の代わりになります。

散歩に出かけたときは、まず「（○○まで）歩こう」と指示を出し、数歩歩いたら「上手に歩けてるね」、しばらく歩いたら「そう、それでいいよ！」、さらに数分歩いたら「カッコよく歩けてるね！」……と、がんばっている途中も繰り返しほめます。ほめるときは俳優になったつもりでテンションを高め、周りから親バカと思われても気にせず、笑顔でほめちぎりましょう。

こうしてプログラムを続けるうちに、子どもはしだいに自分がほめられていることを理解し、反応がよくなります。プログラムを始める前は無表情だった子どもが、ほめてくれるママやパパに愛着を示すようになり、表情が少しずつ豊かになってきます。

まずは1ヵ月続けて、ほめ言葉の効果を実感してください。

第4章

遊びを通して親と子のいい関係を築く

Let's try!

遊びで築く親子関係

遊びの共有体験が親と子のいい関係につながる

親子で楽しみながら信頼関係を築くことができ、同時に子どもの能力も高める遊びを紹介します。療育のアクセントとして活用しましょう。

3歳までの子どもにとって「自分は愛される大切な存在だ」と絶対的な安心感を得ることが、脳の発達に非常に重要だと言われています。そのためには、親がわが子を愛しいと思い、その気持ちを言葉や行動で伝えることが必要です。しかし頭ではわかっていていても、呼びかけても反応がなかったり、問題行動に振り回されてばかりいると、「この子から離れたい」という感情が働き、無条件の愛情をかけられないこともあります。私もそうでした。

そんなときおすすめしたいのが、体を使ったふれあい遊びです。スキンシップや楽しい共有体験を通して、「人」に対する興味や、「いっしょに楽しみを分かち合いたい」という共感の心を育てることが狙いです。続けるうちに子どもの反応がよくなり、親も笑顔を取り戻すことができるでしょう。

このふれあい遊びと並行して取り入れたいのが、目合わせ遊びです。発達障害を抱える子どもは人と目を合わせることが苦手ですが、親のちょっとした働きかけによって、少しずつ目を合わせられるようになってきます。

スキンシップや目合わせが楽しくできるようになってきたら、共同注視力を養う指さし遊びもおすすめです。

共同注視力とは、同じものを見る力、つまり、ほかの人から指示されたものを見る力のこと。発達障害の子ど

遊びを通して、親子で楽しく能力アップ！

親子で心を通わせ、子どもの能力を伸ばす遊びのいろいろ

ふれあい遊び

スキンシップを通して、人に対する興味や共感の心を育てるのが狙い。子どもに愛情をかけられないと感じたときは特におすすめ。親子でふれあう時間を共有することで、笑顔が増えてコミュニケーションが深まる

歌と手遊び

音とリズムに合わせて手を動かし、それを繰り返すことで、まねをする力を高めるのが狙い。言葉の発達を促す効果も期待できる

目合わせ遊び

人と目を合わせるのが苦手な子どもが、自然に目を合わせることができるようになる

指さし遊び

人から指示されたものを見る力＝共同注視力を高めるのが狙い。共同注視力は、学習の基本であるまねをする力をつけたり、他人との関わりを築いたりする上でもとても重要

もはその力がとても弱いのです。たとえば散歩中にお母さんが「あっ！」と言って何かを指さすと、定型発達の子どもは当然のようにそちらに目を向けます。ところが発達障害の子どものなかには、まったく目を向けようとしない子が多くいます。

学習の基本はまねをすることです。まねをするためには、まず指示されたものを見ることが必要ですが、共同注視力が弱いと、最初の一歩からつまずいてしまうのです。共同注視力を養うことは、他人との関わりを築いていく上でもとても大切なステップです。指さし遊びを通して、この力を高めてください。

まねをする力（模倣力《もほう》）は、歌と手遊びによっても高めることができます。この遊びには、言葉の発達を促す効果もあります。

これらの遊びを通して、親と子が楽しみながらコミュニケーションを深めていけば、いい関係は自然に生まれてくるでしょう。子どもが3歳を過ぎていても、決して遅くはありません！

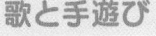

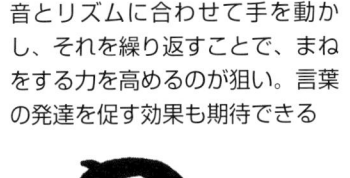

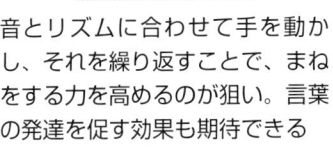

Let's try!
遊びで築く
親子関係

ふれあい遊びで共感する心を育てる❶

親子のスキンシップを通して、共感する心を育てることができるふれあい遊び。コミュニケーションが深まり、人への興味も芽生えます。

1 子どもを抱きしめる

朝、子どもを起こすとき、寝る前、そのほか一日に何度でも、子どもを抱きしめて「○○ちゃん、好き」と伝えましょう。このスキンシップは、子どもを心から好きだと思えないときに、親の心を解きほぐす効果もあります。まず実行してみましょう！

2 手をつないで布団にダイブ

布団をふんわりと積み上げておきます。子どもと向かい合い、ひざ立ちして目を合わせながら「いち、にの……さ～ん」でいっしょに布団にダイブ。目合わせがほとんどできなかった子どもが「初めてしっかり目を見てくれた」と大好評の遊びです。ダイブしたあと、くすぐりっこするのも楽しいですよ。

私の息子は自閉症の症状が強く出ていた2～3歳のころ、同じ年ごろの子どもにはまったく興味を示さず、一人で延々とおもちゃの車のタイヤを回して眺めていることがよくありました。そのまま放っておいても興味の幅は広がりません。なんとかして「人」に対する興味をもって欲しいと思い、取り入れたのがふれあい遊びです。

最初は嫌がることもありましたが、徐々に楽しく遊べるようになり、そのうち自分のほうから「やって」と言ってくるようになりました。

感覚過敏のある子どもの場合は特に、最初は接触を拒否することもあります。子どもの様子を見ながら少しずつふれあう時間を長くしていってください。最初のうちは嫌がっていても、次第におもしろがるようになってくることも多いのです。

3 スリル満点飛行機遊び

②の遊びと同様に布団を積み上げておきます。親が仰向《あおむ》けに寝てひざを曲げ、その上に子どもを乗せます。次に足を持ち上げ「飛行機～」「うわ～落ちる～」と言いながら、その足を横に倒し、布団の上に子どもを落とします。「もっと」「飛行機やって！」など、マンド（要求言語・106ページ）を引き出すのにも効果的です。

4 おいでと呼びかけ来たら抱きしめる

親が少し離れたところから「おいで」と呼び、両手を広げて待ち、子どもが来たら抱きしめます。立ち上がってぐるぐる回してあげるのも楽しい。ママやパパをまだ認識していない子どもには、一人が子どもの後ろからプロンプトし「ママ（パパ）どこかな？」と声をかけながら、そっと押すといいでしょう。

5 お馬さん「ヒヒ～ン！」

親が馬になり、背中に子どもを乗せます。「♪おうまのおやこはなかよしこよし～……」と歌いながら動き、歌い終わった後に「ヒヒ～ン」と言いながら、親が上体をゆっくり起こしていきます。布団を横に積んでおき、その上に子どもを落としても、喜びます。

ふれあい遊びで共感する心を育てる②

親子で手軽に楽しめるふれあい遊びのいろいろ。様子を見ながら、まずは子どもの好きな遊びから取り入れてみましょう。

ふれあい遊びのいろいろ・2

6 ギッタン、バッコン

ギッタン
バッコン

親子で向かい合って座り（子どもの足は親の足の内側に）、「ギッタン、バッコン」のかけ声に合わせ、上体をゆっくり倒したり起こしたりします（笑顔で目を合わせながら）。最後に子どものおなかに口を当て、おならのような音を出すと、子どもは大喜び！

7 「ちゅっちゅ魔神」ごっこ

チュッ
チュッ

追いかけっこ遊びの一種です。親がちゅっちゅ魔神になり、「ちゅっちゅっ……」と言いながら子どもを追いかけ、つかまえたらほっぺなどにチューッとキスをします。ちゅっちゅ魔神になるときは、スカーフをマントにしたり帽子をかぶるなど、ちょっとした変身をすると、より楽しめます。

8 「○○どこかな？」くすぐり遊び

おへそ
どこかな？

子どもと向き合い、「おへそどこかな、おへそどこかな？」「おへそ～」と言いながらタッチしてくすぐります。顔や体のパーツを利用し、言葉をかけながら楽しくふれあえます。「おへそ、どこかな？」と言いながら手をモジョモジョさせ、子どもの「いつ来るかな」という期待感を盛り上げましょう。

9 言葉をかけながらボール投げ

ボールを受け取って投げ返すことは会話のやりとりに似ていて、社会性を高めます。「いくよ」「いいよ」と声をかけながら行います。子どもの言葉が出ていない場合は、目が合ったらボールを投げるようにしましょう。ビーチボールくらいの大きさから始めるのがおすすめ。投げるのが難しい場合は、向かい合って座り、転がし合いを楽しみましょう。

10 お家で簡単もぐらたたき遊び

家の中の、下に隙間があるドアを利用し、ドアをはさんで子どもと向かい合って座ります。絵や文字が書かれたカードをドアの隙間から出したり引っ込めたりして、子どもにたたかせます。たたいたあとでカードに書かれたものを答えさせると、楽しみながら言葉の勉強に。うまくたたけない場合は、別の人が背後から手をそえてプロンプトしましょう。

11 「たかいたかい」

子どもに「抱っこしてほしいときは？」と声をかけ、子どもから「抱っこ」のマンド（要求言語）を引き出します。まだ言葉が出ていない子には、親が「あ」と声をかけて「あ」と言わせ、子どもの声が出た瞬間に「たかいたかい」と言いながら抱き上げます。そのとき、「あ」という声であっても「抱っこ、言えたね」とほめてその気にさせましょう。

ふれあい遊びで共感する心を育てる③

引き続き、さまざまなふれあい遊びをご紹介。家族全員で参加して雰囲気を盛り上げると、子どもの反応もよくなります。

ふれあい遊びのいろいろ・3

12 抱っこして、逆さまに

子どもの腰に腕を回し、しっかり抱きかかえます。「いち、にの……さ～ん」のかけ声で、腰を支えたまま、イラストのように子どもを逆さまにします。ほとんどの子どもはこのスリルを喜ぶので、「（もっと）やって」というマンド（要求言語）を何度も引き出すことができます。

13 家族そろって風船バレー

大きく膨《ふく》らませた風船を、バレーボールの要領で突き合います。子どもが風船をうまく突けないときは、ひもをつけて大人が上から下げるようにして持つか、天井から吊《つる》してください。家族みんなで遊べばさらに楽しく、協調性を養うことができます。動く物を目で追う力もつきます。

14 抱っこしながら絵本を読む

自閉症の子どものなかには絵本に興味を示さない子もいます。しかけ絵本や低年齢向けの絵本など、比較的興味を引きやすいものを選びましょう。まずは2～3ページ読むことから始め、いっしょに絵本が読めたことをほめます。少しずつページ数を増やしていきましょう。

無表情だったA君が、1時間のふれあい遊びで変わった！

私が、重度の自閉症といわれるA君の家に行き、セラピーのお手伝いをしていたときのことです。

最初、A君は私とまったく目を合わせようとせず、家のなかをウロウロ歩き回ってばかりいました。お母さんからは「おもちゃで遊ぶこともしないし、スイッチを押すような簡単な動作もできないんです」と説明を受けました。実際にトライしてみましたが、すぐに身体がグニャグニャしてしまい、まったくやる気が感じられません。

私はすぐにアプローチの方向を変え、この章で紹介した「布団にダイブ」（56ページ②）や「飛行機遊び」（57ページ③）など、さまざまなふれあい遊びをA君といっしょに始めました。すると無表情だったA君の顔に、最後のころにはうっすらと笑みが浮かぶようになりました。こうして1時間ほど過ごした後、帰ろうとする私を玄関で見送ってくれたA君が、20秒ほど私の目をじっと見てくれたのです。それまでA君が人と見つめ合うことはなかったようで、これにはお母さんも驚いていました。私もふれあい遊びの効果を改めて実感でき、感激しました。

人と目を合わせることは、社会性を発達させる上でとても重要なステップです。目を合わせることが多くなってくれば、人に対して興味が持てるようになり、さらに周りの物へと興味の対象が広がっていきます。そうして好奇心が芽生《めば》え始めると、それにつれて社会性が高まっていきます。

まずは子どもが受け入れやすい遊びから始めて、根気強く1ヵ月続けてみましょう。

発達障害を抱える子どもに社会性が身につくステップ

ふれあい遊びで人と目を合わせる
↓
周りの人や物に興味を持つ
↓
好奇心が芽生える
↓
社会性が高まる

ワンポイントアドバイス

役者になったつもりで、オーバーリアクションで盛り上げて

子どもが楽しんでくれることを期待してふれあい遊びを始めても、最初はほとんど反応がなく、つまらなそうにしている場合もあります。でも、そこであきらめないでください。根気よく働きかけを続けていけば、少しずつ興味を示すようになってきます。

その際、まずは親自身が楽しんでいる姿を見せることが大切です。役者になったつもりでオーバーリアクションをして、その場の雰囲気を盛り上げてください。

ときには家族全員が遊びの場に加わり、拍手やハイタッチをしたり、歓声を上げながら応援すると、よりいっそう楽しい雰囲気をつくることができます。

そうして周りが楽しんでいると、子どももしだいに興味を示すようになり、参加意欲が高まります。また周りの反応につられて、遊びに対する子ども自身の反応もよくなります。

目合わせ遊びで子どもと心を通わせる

人と目を合わせることは、コミュニケーションの基本。簡単な遊びを通して、目を合わせて心を通わせる楽しさを学習させましょう。

簡単にできる目合わせ遊びのいろいろ

1 おもちゃは目を合わせて渡す

子どもにおもちゃやおやつのお菓子を「どうぞ」と渡すときは、すぐに手渡さずに、子どもが目を合わせてくれるまで待ちましょう。なかなか目が合わないときは、おもちゃやお菓子を自分の目の近くにもっていくと、子どもが自然に目を向けてくれるようになります。

2 子どもの近くで名前を呼ぶ

子どもの近くに行き、「○○ちゃん」と名前を呼びかけながら、子どもの顔を見ます。目が合ったらすぐに、「見てくれた～！」と抱きしめるなどしてほめましょう。はじめは近くから声をかけ、うまくいったら少しずつ距離をのばしていきます。

3 自然に目が合うまで待つ

子どもの顔を見つめながら、声はかけず、自然に目が合うまで待ちます。目を合わせてくれたら「見てくれたね！　ママうれしい」などと思い切りほめ、抱きしめたりくすぐったりしましょう。これを何度も繰り返し、目を合わせると、相手が喜んでくれることを学習させましょう。

目合わせ遊びは常に笑顔で

発達障害を抱える子どものなかには目を合わせるのが苦手な子が少なくありません。でも、人と目を合わせることはコミュニケーションの第一歩。社会性を高める上でもとても大切な人との関わりです。

とはいえ、「ママの目を見なきゃダメでしょ」と叱ってばかりいたら、子どもは萎縮してますます目を合わせるのをいやがるようになります。

それよりも、右ページで紹介したような簡単な遊びを、一日に何度も繰り返してみてください。目を見るのが苦手な子どもに対しては、目と目の間や鼻のあたりを見るように促します。

このとき、親は必ず笑顔で対応することが大切です。そんな働きかけを続けて、親子で目を合わせて微笑《ほほえ》みを交わす時間を増やしていきましょう。

うまく目が合ったら満面の笑みで、「見てくれたね！　ママうれしい」などと思い切りほめてください。これを何度も繰り返し、子どもに「あれっ、目が合うと、ママが喜んでくれるな」と思わせることができれば大成功。そのうち、子どものほうからも目を合わせるようになるでしょう。

子どもの目合わせが上手になると、子どもと心が通いはじめた気がして、親密の度合いはぐんと深まります。

家族で子どもを囲み、ひとりずつ順に子どもの名前を呼びかけ、目が合ったらみんなで拍手。家族全員が笑顔で拍手してくれることで、やっと自分がほめられていることに気づいたり、モチベーションが上がったりする場合もあります

ワンポイントアドバイス

なかなか目を合わせてくれない子には

子どもの頬に軽く手を添えてゆっくり誘導していくと、目が合いやすくなります。それでも見てくれないときは、自分の左右の目の間を指さしながら、「目、見て～」と声をかけましょう。56～57ページの「布団にダイブ」「飛行機遊び」も、目が合いやすくなると評判の遊びです。

Let's try!
遊びで築く
親子関係

指さし遊びで共同注視力を高める

人から指示されたものを見る力＝共同注視力が高まれば、自分の考えを人に言葉で伝え、共感したいという気持ちも育っていきます。

指さしと声かけで、子どもの注意を引こう

息子の空は共同注視力が弱く、私が「あれ見て」と指さしても、なかなか見ようとしませんでした。

そのため、空が3歳のころ、散歩しながら努めて次のような言葉かけを繰り返したところ、徐々に効果がでてきました。

たとえば道路をアリが這《は》っているのを見かけたら、「あっ!」「あ～」など と少し大げさなくらい大きな声をかけ、子どもの注意を引きつけながら、道路にいるアリを指さして近づいていきます。

次に子どもが指さしてアリに目を向けたところで「アリ!」と言い、子どもにも「アリ」とオウム返しに言わせます。このとき指さすのが難しい場合は、親が背後から手を添えてプロンプトし、子どもに指させます。そのあとすぐ「アリいたね～」と声をかけながら、子どもの顔をのぞき込みます。

いっしょに散歩しながら、途中で目についたいろいろなものを指さし、この一連のやりとりを繰り返してください。そのうち、無理に注意を向けさせなくても、親が指さすほうを見てくれ

あっ!
アリ
アリ
難しいときは親がプロンプトを
アリ
アリ
アリ、いたね

家の中で共同注視力を高める宝探し遊び

るようになるでしょう。

共同注視ができるようになったら、「アリ」と言ったあとに、「見て！」と声をかけます。目が合いやすいように親が子に顔を近づけ、目を合わせるように促します。そうするうちに、「ママ（パパ）も、自分が見ている（教えたい）対象物を見てくれているかな？」と確認するために、子どものほうから親の顔を見るようになってきます。ちなみにこれは、定型発達の子どもなら自然にする行為で、社会性の発達につながります。

また、いっしょに同じものを見て「かわいいねえ」「おもしろいねえ」などと言いながら、子どもと目を合わせ、楽しい時間を共有することを心がけてください。こうした関わりを根気強く繰り返していれば、やがて、自分の考えを他の人に言葉で伝え、共感したいという気持ちが育ってきます。

おやつのお菓子やおもちゃなどを、家の中の比較的目につきやすいところに置いておき、親が指さしながら「あっちにクッキー（おもちゃ）あるよ」と声をかけ、子どもに探させます。最初は近くにあるものから指さして探させ、少しずつ距離を離していくのがポイント

共同注視力を高める指さし遊びは、家の中でもできます。おすすめは宝探し遊びです。といっても特別な用意は必要ありません。毎日のおやつや、いつも使っているおもちゃなどをいろいろな場所に置いておくだけ。親はその方向を指さしながら、「あっちにおやつあるよ」と声をかけ、子どもに探させます。

宝物は比較的見つけやすいところに置くのがポイントです。最初は近くのものから指さし、少しずつ距離を離していくといいでしょう。

これができるようになったら、言葉はかけずに無言で子どもの肩をたたき、親の指さした方向や目線を追うだけで見つけられるようにしましょう。

この遊びは、相手が何を気にかけているかを察する練習になります。これも発達障害の子どもが苦手なことです。

Let's try!
遊びで築く親子関係

歌と手遊びで言葉と模倣力を伸ばす

歌いながらリズムに合わせて手遊びをすると、言葉の能力や模倣力が伸びていきます。楽しみながら根気よく続けましょう。

子どもの好きな歌で繰り返し遊ぼう

発達障害を抱える子どもに何かを教えるとき、「ママのやるのを見て、まねをして」と言ってもなかなかうまくいきません。そのまねる力（模倣力）や言語能力を高めるには、歌と手遊びが効果的です。

最近は童謡絵本もたくさん出ていますが、私はたくさんの絵本の中からお気に入りの歌と絵をカラーコピーしてオリジナルの絵本を作りました。子どもといっしょに絵本を広げ、絵を指さしながら歌うと、楽しみながら言葉も覚えられます。

私は息子といっしょに布団に横になり、絵を見せながら毎日1時間ほど歌いました。横になる利点は、子どもが集中しやすく親も楽なこと。数ヵ月続けると、言葉があまり出ていなかった息子が「しょっ、しょっ、しょじょじ〜♪」と歌えるようになりました。

親が体を動かして楽しむ姿を見せるのが大切

「トントントントン、うさぎさん♪」など、歌いながら手遊びも加えると、模倣力はより高まります。手遊び歌を集めた本も出ていますが、インターネットで検索すると、映像つきで紹介されているものもあります。初めは簡単なものから試してみて、子どもが好きな歌をいくつかチェックし、繰り返し遊ぶといいでしょう。

家族全員でいっしょにやると雰囲気はいっそう盛り上がります。まずは親が体を動かして楽しむ姿を何度も見せましょう。その後、背後からプロンプトして少しずつ動作をまねさせてみましょう。

なかには、おもちゃの太鼓をバチでたたく、コップで水を飲むまねをする、一定のリズムでテーブルをたたくといった、物を使った動作模倣のほうがやりやすい子どももいます。難しい場合は、やはり背後からプロンプトを。

いずれにしても、その子に合った方法で、動作を模倣する楽しみを根気よく教えてください。

物を使った動作模倣遊び

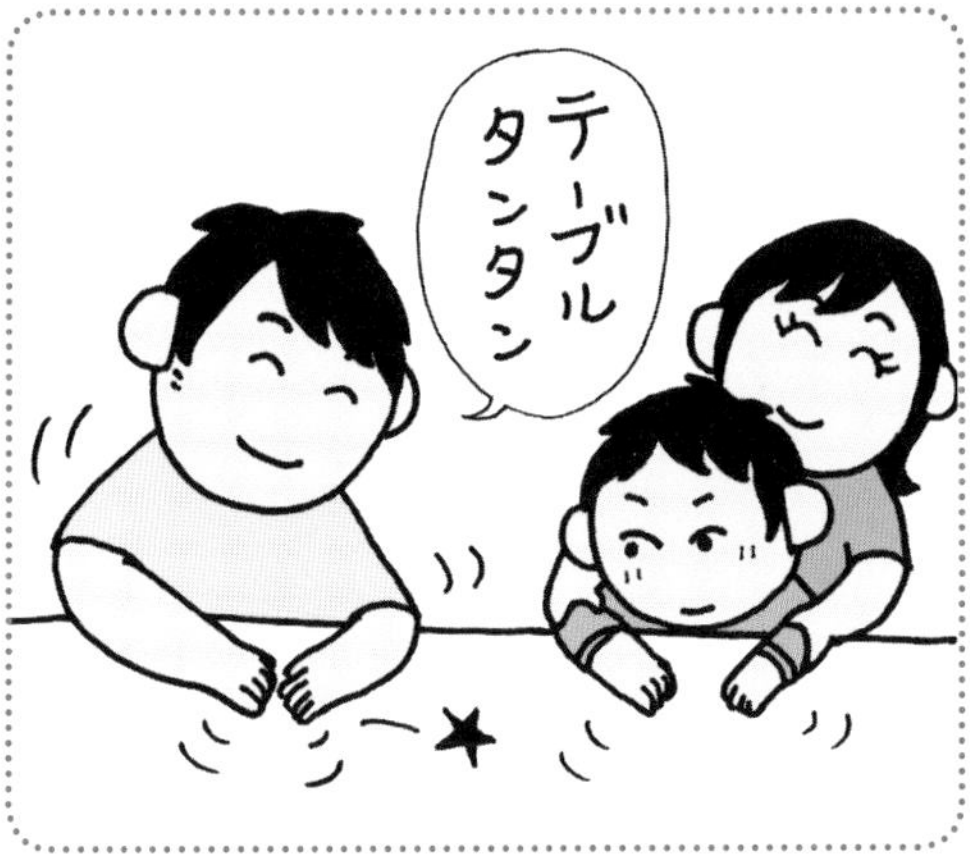

ワンポイントアドバイス

親が手を離せないときは童謡のCDを聴かせて

子どもが親といっしょに歌う楽しみを覚えたら、家事などで親が手を離せないときは、お気に入りの童謡のCDを流してみてもいいでしょう。その場合、子どもが特に好きな歌を繰り返し聴かせることがポイントです。子どもが歌に集中しやすく、また、リズムに乗って言葉が頭に入りやすくなります。

私の失敗体験2

息子の無関心をそのままに

息子は2~3歳のころ、動物園に連れて行っても動物にはまったく興味を示しませんでした。まるで、そこに動物などいないような反応だったのです。

私はせっかく来たのだから少しでも関心を示してほしくて、「見て！　キリンよ、キリン！」と声をかけましたが、まったく見ようとしません。さらに、「キリン！」と言いながら、息子の顔を檻《おり》の中のキリンのほうに向けてもみましたが、目線は別のほうに向いていました。

私は、楽しそうにいろんな動物に目を向けている周りの子どもたちを横目に見ながら、「空は動物にも興味を示さないんだ……」と、それ以上働きかけることをあきらめてしまったのです。しばらくは動物園に連れて行くこともなくなりました。

でも、このとき「あ~っ」と声をかけながら息子の顔の前に指を出して注目させ、その指をキリンのほうへ移動させる「追視」にトライしていたら、キリンに目を向けることができたかもしれません。64ページで説明したアリに注目させるのと同じやり方です。

それからしばらくして私はABAと出会い、息子といっしょに、この「追視」も含めた共同注視力を高める練習を行った結果、息子はそれまで無関心だったさまざまなものに目を向けてくれるようになりました。

その後は、私の顔を見て目を合わせる回数が増え、「ネコいたねえ」「お花がきれいだねえ」といった言葉かけにも笑顔で応えられるようになり、親子で一つのものを見て共感する楽しさを知ったのです。

いまでは息子は動物園に行くと、「次はゾウを見ようよ！」と精力的に動き回り、私をリードしてくれるようになりました。

第5章

叱るとき、指示を出すときの言葉かけ

実践ポイント
子どもに届く言葉かけ

できるだけ肯定的な言葉をかける

「○○しちゃダメ！」と、子どもに否定的な言葉ばかりかけていませんか？　肯定的な言い方にかえれば、受けとめる印象も違ってきます。

注意や命令ばかりしていませんか？

「ダメ！　○○しないで！」「もう、早くしてよ！」「違うでしょ。何度言ったらわかるの」……気がつけば子どもに向かって、注意や命令、あるいは行動を否定するような言葉ばかりかけていませんか？

こうした言葉をかけるときは、どうしても強い口調になりがちです。一方、毎日のようにそんな言葉を聞かされる子どものほうは、「また怒ってる」とうんざりしたり、親の口調に脅えたりして、話の内容を理解しようとする気力がそがれてしまいます。

ところが同じことを伝える場合でも、言い方ひとつで子どもが受けとめる印象はずいぶん変わります。

この章では、注意したり指示を出すとき、子どもが前向きに受けとめられる言葉のかけ方を考えてみましょう。

まず第1のポイントは、できるだけ

言い方ひとつで子どもが前向きに

肯定的な言葉かけをすること。言い換えれば、「○○しちゃダメ！」「○○しないで」といった否定的な言葉をなるべく使わないということです。以下にその言い換え例を示しました。

「走っちゃダメ！」→「歩こうね」

「コップ落とさないで！」→「コップしっかり持ってね」

「片づけないとテレビ見せないよ！」→「片づけ終わってからテレビ見ようね」

とはいえ、子どもといっしょにいれば、思わず「ダメ！」と言いたくなる場面もありますね。たとえば何でも口に入れたがる子どもが石を口にくわえそうになったら、次のような対応をしてみてください。

まず子どもの行動を手で制します。そのあと笑顔で「石、ちょうだい」、石を受け取ったら「ありがとう」と言います。これなら否定的な言葉を使わず、しかも最後の「ありがとう」で、子どもをいい気持ちにさせて終わることができます。

ところが頭から叱ってしまうと、子どもは自分の失敗を引きずって落ち込むか、逆に強い反発心を抱いてしまいます。

もちろん、危険な行動など、してはいけないことを叱って教えるのは大切なことです。ただし、いつも感情的に怒るのはやめましょう。日頃は肯定的な言葉かけを心がけたほうが、ここぞというときの厳しい言葉にも効き目があります。

肯定的に言いかえ、プラスの行動を意識させると……

コップしっかり持ってね
コップちゃんと持てたね。それでいいよ

実践ポイント
子どもに届く言葉かけ

指示を出すときは、子どもの近くで

遠くから大きな声で繰り返し指示を出しても、子どもには伝わりません。忙しくても、手が届くくらいまで近づいて言葉をかけましょう。

遠くから大声で指示しても伝わらない

車で遊ぶのはおしまい! さっさと片づけなさい。何度言ったらわかるの!!

家事などで忙しくしているときに、子どもの行動を注意したり、指示を出したりする場合、遠くから言葉をかけていませんか?

そうするとどうしても大きな声を出して怒り口調になりますね。子どもはそれを聞いても声の大きさや口調の激しさに気をとられ、肝心の指示が頭に入りません。

また、指示が伝わらないため親は同じことを何度も繰り返し言うことになり、子どもの反応はよけい鈍くなります。たとえば、口うるさい妻の小言を聞き流している夫をイメージしてみてください。子どもの反応もそれと同じで、遠くから何度叫んでも、当人の耳には届かない場合がほとんどです。

忙しくても、指示を出すときは子どものそばに行ってから言葉をかけるように心がけてください。

子どもに届く３つの指示の出し方

1 そばに行って話しかける

面倒だと思っても家事や仕事を中断し、子どものそばに行きます。まず名前を呼びかけて注目させてから、子どものほうを見て言葉をかけるようにしましょう。同じことを言っていても、遠くでイライラしながら何度も指示を出すより、短時間で聞き入れてくれる確率が高くなります。

2 注目させるには、目を合わせて話す

子どものそばで指示を出しても注目してくれない場合は、しゃがんで目線を子どもの目線の高さに合わせます。そして子どもと目を合わせ、しっかり手を握りながら言葉をかけてみてください。目合わせとスキンシップの効果で、親に注意を向けて指示を聞くようになるでしょう。

3 どうしても近くに行けないときは……

家事などで忙しく、どうしても子どもの近くに行けないときは、まず名前を呼び、注目させてから指示を出します。それでも伝わらないときは、「ママ、さっきなんて言ったかな？」と、言われたことを思い出させると、行動に移す確率は高まります。できれば家事や仕事の手を止め、きちんと子どものほうを向いて言葉をかけましょう。

実践ポイント
子どもに届く言葉かけ

命令形の言葉かけは、できるだけ避ける

「○○しなさい！」という命令形の言葉は、いろいろな形に言い換えられます。命令形以外の言葉で指示を出すことを心がけましょう。

命令形の指示ばかり出していませんか？

「着替えなさい！」「靴をそろえなさい！」……と、親が命令ばかりしていると、子どもが指示待ち人間になる可能性があります。また強い口調で命令されると、子どもだって大人と同様に「カチン」ときてしまいます。

では、上のイラストのように外から帰ってきた子どもが玄関で靴を脱ぎ散らかしたとき、「靴をそろえなさい！」（命令形）以外の言葉をかけるとしたら、あなたはなんと言いますか？

以下に4つの例を示しました。

❶丁寧語（〜ね、〜してください）

「靴をそろえて！」を「靴をそろえてね」と言いかえるだけで、やわらかな印象になります。「靴をそろえてください。お願いしま〜す」と明るく言うのもいいですね。子どもも丁寧語で言われると気分がよくなり、行動に移す確率が高まります。

命令形以外にも、指示の出し方はいろいろ

❷Ｌｅｔ'ｓ形（〜しよう）

「靴をそろえよう」と誘いかけるように言うと、楽しげな印象を与えます。これなら反発を買いにくく、子どもが行動に移しやすくなります。

ところで、子どもがおしっこしたくてもじもじしているときに、親は「おしっこでる?」と疑問形で聞くことがありますね。こう聞かれると「でない」と言いがちな子どももいますが、その場合もＬｅｔ'ｓ形で言いかえてみましょう。「おしっこ行こう（行くよ）」と声をかけ、背中をそっと押してください。こうすると素直にトイレに行くことが多いのです。このようにＬｅｔ'ｓ形はいろいろな場面に応用できます。

❸断定（〜します）

「靴をそろえます」と、断定するように言うと、行動に移しやすい子どももいます。ただし、叱っているように聞こえやすいので、きつい調子にならないように気をつけましょう。

❹非言語（言葉以外で気づかせる）

左の漫画のように、後ろから子どもの肩をトントンとたたいて振り向かせます。目が合ったら親が靴を見て目線で伝え（あるいは靴を指さし）、靴をそろえることを促します。このとき親は、必ず笑顔で対応してください。指示の言葉がぐんと減り、親の小言も少なくなり、親子ともにハッピーになれる方法です。

いかがですか。届きやすい表現は子どもによって異なるので、自分の子どもに対するベストな言葉かけの方法を見つけてください。

実践ポイ

子どもに届く
言葉かけ

命令形の言葉かけは、できるだけ避ける 上級編

命令形を使わない言葉かけの上級編です。いろいろな場面に応用できて、子どもの言葉の発達にもプラスになります。

イントラバーバルを取り入れた言葉かけ

ある程度の会話が成り立つ子どもの場合には、命令形を使わない指示の出し方として、以下にあげる方法も効果的です。

❶イントラバーバル（会話を続ける力）を利用する

イントラバーバルとは、「むかしむかし」という言葉かけに対して、「あるところに」と続けるような、言語刺激に対する反応のことです。

これを応用して、たとえば「赤信号は？」「止まれ」、「好きな色は？」「みどり」のように、言葉の刺激によって次に続く言葉を導き出すことは、会話を続ける能力を高めるのに有効な練習法でもあります。

74〜75ページの、子どもに靴をそろえさせる言葉かけにもイントラバーバルを取り入れてみてください。

まず、子どもが脱ぎ散らかした靴を

形の言葉かけやつぶやきで子どもに気づかせる

指さしながら「靴を?」と問いかけます。それに対して「そろえる」と答えて行動に移せればベスト。

でも、ここでの主な目的は親の指示を行動に移すことですから、子どもに無理に「そろえる」と言わせる必要はありません。靴をそろえていないことに気づかせ、行動を促すことが大事なのです。

❷疑問形（〜したかなー?）

「靴そろえたかなー?」「靴、どうするんだっけ?」などと疑問形で言葉をかけてみてください。それだけで靴をそろえなかったことに気がつき、すぐに行動に移せる子どもは少なくありません。

この疑問形は、いろいろな場面に応用できます。「おもちゃ片づけたかなー?」あるいは「おもちゃを使ったらどうするんだっけ?」、「姿勢よくしてるかなー?」あるいは「ごはん食べるときの姿勢はどうするんだっけ?」など。こんなふうに望ましい行動を疑問形で促すといいですよ。

❸つぶやき（〜できない人は、○○だけどいいのかなー）

「靴をそろえられない人は、おやつなしだけどいいのかな〜」とひとりごとのようにつぶやきます。

これはある種の制裁予告で、強い口調で言えば反感を持たれます。ですから、あくまでもつぶやき口調で言葉をかけるのがポイント。そうすれば、子どもも素直に聞き入れ、「おやつがもらえないのは困ったぞ」と、あわてて靴をそろえにもどってくるでしょう。

靴をそろえられない人はおやつなしだけどいいのかな〜
おやつがもらえないのは困る
きちんとそろえられた。えらいね!

実践ポ

子どもに届
言葉かけ

カウント10やタイマーを利用し、予告する

「10秒で○○するよ」と予告し、「1、2、3……」とカウントしたり、タイマーをかけておくと、子どもはスムーズに行動しやすくなります。

「早く！」が口癖になっていませんか？

一時期、私は毎朝のように息子を叱っていたことがあります。幼稚園に行くのに着替えさせようとしても、グズグズしてなかなか着替えてくれず、「早く着替えて！」が口癖になっていたのです。でも、どんなに叱ってもまったく効き目はありませんでした。

そんなときカウント10予告の声かけを思いつき、試してみました。

「ズボン10秒ではけるかな？　ヨーイ、ドン！　1、2、3、4、5……」

するとどうでしょう。息子は私のカウントする声に合わせてスイスイ着替えをしてくれるのです。いつもグズグズしていた息子が、5秒でズボンをはき終わりました。

「すごーい！　5秒ではけたね。じゃあ次は靴下、10秒ではくよ！　1、2、3……」

こうしてわが家の朝は、私のカウン

事前の予告で子どもの行動がスムーズに

トする声に合わせ、見違えるほどテキパキ着替える息子の姿が見られるようになりました。

　このように、グズグズしてなかなか行動しない子どもには、カウント10予告が有効な場合が少なくありません。

　また、遊びを終了するときなどにタイマーを利用して予告する方法もおすすめです。前もって子どもにタイマーを見せ、「ピピピと鳴ったらおしまいね」「うん」と約束させます。アラーム音が鳴ったら予告どおり遊びを切り上げて片づけさせましょう。アラーム音が区切りとなり、スムーズに次の行動に移ることができます。アラーム音が鳴る1分くらい前に「あと1分でおしまいだよ」ともう一度予告するのがポイントです。

　普段から、子どもをカウントやタイマーに慣らしておくと、効果はより高くなります。「10数えたら、遊びおしまいね」「30数えたら、お風呂出ようね」などと言い、「1、2、3……」と声を出し、楽しくカウントしてください。

　なお、発達障害を抱える子どものなかには、音に敏感でアラーム音を嫌がったり脅えたりする子もいます。その場合は、まずアラーム音に慣らすことから始めてください。大好きなビデオなどを少し大きめの音量で見せながら、アラーム音を遠くで鳴らします。子どもがリラックスした状態のとき、タイマーを徐々に近づけていくのがコツです。どうしても慣れない場合は、タイマーを使うのはやめましょう。

実践ポイ

子どもに届
言葉かけ

子どもへの指示は簡潔&具体的に

「ちゃんとしなさい」と漠然とした指示を出したり、複数の行動を一度に指示したりすると、子どもはどうしていいかわからず混乱します。

漠然とした指示を出していませんか？

たとえば、部屋の中にたくさんのおもちゃが散乱している状態のとき、子どもに向かって「ちゃんと、片づけなさい」と声をかけたことはありませんか？

でも、こんな指示では何をどうしていいやら、子どもは思考停止の状態に陥ってしまいます。

「ちゃんと○○しなさい」とか「きちんと○○しなきゃダメでしょう」などと、親はついつい口にしますが、こうした言葉かけは指示が漠然としていて、子どもにはわかりにくいのです。

片づけの場合なら、「積み木、箱に入れようね」と、片づける箱を示しながら具体的に指示を出せば、子どもは行動に移しやすくなります。それが終わったら、「車はこのカゴに入れてね」と、次にすることを、同様に指示しましょう。

ひとつずつ順番に、具体的に指示する

また、夕方、そろそろ遊びを切り上げ、子どもに食事をさせなければというとき、こんな言葉かけをすることはありませんか？

「いつまでも遊んでないで、片づけて！　手を洗って、ごはん食べるよ」

このケースでは、指示の内容が複数なので、何をしたらいいかわからない子どもも多いのです。

では、どうすればいいのでしょう。

この場合、まず子どものとるべき最初の行動を指示します。つまり、遊びをやめさせたいわけですから、たとえば「ごはんだから、10数えたらで遊びをおしまいにするよ」と、78ページのカウント10の方法を利用した言葉をかけましょう。指示の内容が簡潔で具体的なので、子どもも自分のすべきことが理解しやすくなります。

子どもが遊びをやめたら、次は左の漫画の例にならって具体的な指示を出して片づけさせ、さらに「じゃあ、手を洗うよ」と新しい指示を出すようにすれば、子どもは次の行動にスムーズに移ることができます。

忙しいときなど、親は複数のことを一度に指示しがちですが、大人だって目の前にやらなければならないことがたくさんあると、何から手をつけていいのか混乱することがありますね。子どもの立場で考えれば、なおさらむずかしいことがわかるでしょう。

子どもの行動に合わせてひとつずつ順番に、できるだけ具体的なやり方を示していくこと。これがわかりやすい指示の出し方のポイントです。

事前の確認で困った行動を改善する

指示が後手に回ってしまい、子どもが思うように行動してくれないときは、事前の声かけで、やるべきことを確認してみましょう。

指示が後手に回っていませんか？

たとえば、子どもといっしょに出かけて家に帰り着き、玄関で「靴をそろえなさい」と注意しているとき、子どもはすでにキッチンに駆け込み、冷蔵庫のドアを開けていた、などということはありませんか。そこで慌てて「こら！　手洗いしなさい！」と叱っても、時すでに遅しで、子どもはジュースを取り出して飲もうとしています。

こんなふうに親の指示が後手後手になってしまうと、子どもは親の言うことを聞かずに勝手に行動するようになります。では、指示が後手に回らず、子どもがスムーズな行動をとれるようにするためには、どんなふうに言葉をかければいいのでしょうか。

ここで活用したいのが、第2章で紹介したABC分析です。ABC分析とは、子どもの行動をA（前の状況）→B（行動）→C（結果）に分けて見ていき、どうすれば望ましい行動がとれるのか、その対処法を導き出していく手法でしたね。

このケースでは、A（前の状況）＝「玄関に入るまでの行動」に着目し、次のようなやりとりを想定してみました。

事前の声かけで、やるべきことを明確に！

（子どもといっしょに玄関に向かって歩きながら）「家に帰って最初にやることは？」「靴をそろえる」「そうだね、次は？」「手を洗う」「そうだね、それから？」「うがい」「正解！」

さらに、「じゃあ、家に帰ってすることを、もう一度3つ言ってみようか」と声をかけ、一つひとつ確認します。「最初に？」「靴をそろえる」「次に？」「手を洗う」「そうだね、次は？」……と、順を追って問いかけ、子どもに答えさせましょう。

このように事前に声をかけて、A（前の状況）を変えていけば、B（行動）が適切な行動に変わりやすくなり、小言の回数も減ってきます。

まだ会話がスムーズでない子どもの場合は、「家に帰って、最初にやることは？」と問いかけたあと、「靴をそろえる」とプロンプトし、「靴をそろえる」とオウム返しに言わせるといいでしょう。どちらの場合も帰ってからやることを事前に確認し、そのあとで玄関のドアを開けるのがポイントです。

事前確認しなくても行動が定着し、習慣になるまでは、繰り返し言葉かけをしていくことが大切です。

家に帰って最初にやることは？
靴をそろえる
ピンポーン

子どもといっしょに出かけたとき、玄関のドアを開ける前に、家に帰ってからやるべきことを確認すると、子どものその後の行動がスムーズになります。事前確認しなくても行動が定着するまで、繰り返し言葉かけを続けましょう

Dr.平岩からひとこと

言葉かけに反応するのが苦手なら視覚化して理解させる工夫を

事前確認の言葉かけをしても反応が悪い子どもでも、目で見ることで理解しやすい場合があります。ホワイトボードなどに、帰ったらやることを絵や文字で書き出し、玄関の近くにかけてみましょう。そして、子どもが自分でチェックできるように手助けすると、やるべきことが明確になって行動が早くなり、親の指示も減ってきます。

実践ポイント
子どもに届く言葉かけ

問題が起きたら、クールダウンの言葉かけを

自分の都合で子どもを叱っていませんか？　問題解決には、怒りにまかせて叱るより、クールダウンの一言が効果的です。

✕ 自分の都合で叱っていませんか？

何やってるの！ちゃんと見てないからこぼすのよ。ダメな子ね！
もう※あとしまつめんどう！

「ダメじゃない、何やってるの！」

子どもが自分の思うような行動をとってくれないとき、こんなふうに叱ることはよくあります。

でも考えてみると、子どものためというより、親が自分の都合で叱っていることも多いのではありませんか？

たとえば、出かける時間が迫ってきて焦りながら用意しているのに、子どもがなかなか着替えてくれないとき、「早く着替えて！　いつもグズなんだから……」などと怒鳴ってしまうことがあります。この場合の怒りの原因は、早く出かけたいのに出かけられないという親の都合です。

時間に間に合うように、本来なら親がもっと早くから準備すべきだったのに、子どもに責任をすり替えているのです。

「いま、自分の都合で叱っていな

「どうしたらいい？」の一言でクールダウン

い？」と、客観的になって自分に問いかける習慣をつけましょう。

右ページのイラストのケースも、叱っているのは、「こぼしたみそ汁の後始末が面倒だ」という親の都合です。

こういう場合は、問題が発生したとき、一呼吸おくような言葉をかけてください。たとえば、「こぼれちゃったね、どうしたらいい？」。

この一言で、親は怒りの気持ちをおさえることができ、子どもは問題に対して前向きに考える気持ちのゆとりが生まれます。親も子もクールダウンできるというわけです。

親の問いかけに対して、「台ふきんでふく」という答えが引き出せれば大成功です。言葉が出ない場合は、「台ふきんでふく」とプロンプトし「台ふきんでふく」とオウム返しに言わせてもいいでしょう。

クールダウンの言葉かけで、子どもに次の行動を考える癖をつけさせ、アクシデントへの対処は親もいっしょに行いましょう。それを繰り返すうちに、みそ汁をこぼしたときは自分で台ふきんを持ってきてふく、といった自発的な行動がとれるようになってきます。

また、目の前の問題が片づいたら、「どうしてこぼれちゃったのかな？」と、原因を考えさせる問いかけをしてみましょう。子どもから答えが引き出せなくても「テーブルの端に置いたからだね」などとフォローすることで、次はどんなことに気をつけたらいいかを意識させることができます。

私の失敗体験3

鏡に映った怒り顔に愕然！

ある日、息子の行動にイラっとして注意したとき、ふと鏡に映った自分の顔を見たことがありました。

「恐い！　恐すぎる、私の顔！」

まるで般若《はんにゃ》か鬼かという形相に、愕然としてしまいました。

「いつも、こんなに恐い顔で注意していたのか……。空、ごめんね」と、申し訳ない気持ちでいっぱいになりました。

普段鏡を見るのは、心が穏やかな状態のときがほとんどなので、自分の怒り顔に驚いてしまったのです。

怒っているときだけでなく、子どもの療育に夢中になっているときなども、子どもと真剣に向き合うあまり表情が険《けわ》しくなり、恐い顔になってしまうことがあります。

親のこんな顔を見れば、子どもからも笑顔が消え、反応も悪くなってしまいます。

わが子を笑顔で見守っていけるよう、言葉かけの前には特に、意識して口角を上げる習慣をつけましょう。

第6章

子どもの問題行動への7つの対処法

実践ポイント

問題行動への対応

❶代替行動を提示し、適切な行動に導く

子どもの問題行動には大きく分けて4つの目的があり、それに合わせた対応が必要です。対応をあやまると、問題行動はエスカレートします。

子どもが問題行動を起こすとき、その目的は大きく分けて、①要求（○○が欲しい）、②拒否・逃避（○○をやりたくない・○○から逃げたい）、③親や周囲の人から注目されたい、④感覚刺激が欲しい、の4つが考えられます。

①や②の場合、子どもの望みどおりに欲しいものを与えたり、やりたくないことから解放すれば、ひとまず問題行動はおさまります。ただし、いつもこんな対応をしていると、欲しいものや、やりたくないことがあるたびに問題行動を繰り返すようになります。③の場合、注意することで子どもが注目されていると勘違いし、やはり問題行動を繰り返すことがあります。

このように対応をあやまると、問題行動はますますエスカレートしていきます。第6章では子どもに問題行動を繰り返させないための効果的な対処のしかたを7つ紹介していきます。

一つめは子どもに代替行動を提示し、困った行動を適切な行動に導くことです。

たとえば④の、感覚刺激が欲しくて周りのものを手当たりしだいにたたき

対応をあやまると問題行動はエスカレート

感覚刺激が欲しい場合
これをたたこうね
それでいいよ。上手にたたけたね

問題行動の代わりになる行動に誘導を

続ける行動に対しては、右ページの漫画のように「これをたたこうね」と太鼓やタンバリンなどを与えてみてください。ほかのものをたたく行動が止まったら「それでいいよ、上手にたたけたね」とほめて強化します。このように、問題行動と同時にはできない行動に誘導するのがポイントです。

水道の水を出しては止めることを延々と繰り返すような困った行動に夢中になっているときは、「ボール投げしよう」などと、ほかにすることを提案すると、すんなりとその行動に移れることもあります。

子どもがかんしゃくを起こしたとき、これを鎮《しず》めるには、左のイラストのように子どもの意識をほかに向けるように働きかけるのも効果的です。

かんしゃくを鎮めるカウント法

①子どもに寄り添い、呼吸に合わせて体をトン、トンとゆっくりたたく。②もう片方の手の指で、子どもの目の前に数字を示しながら「1、2、3……」とカウント。子どもは数に意識が向くため、気持ちを鎮めるのに効果的です。ただし、接触せず一人にしたほうが早く鎮まる子どももいます。落ち着けたら頭をなでましょう

ワンポイントアドバイス

かんしゃくで気持ちを表現することから卒業するために

欲しいものや気に入らないことがあるとき、自閉症の子どもは言葉で表現することができず、かんしゃくを起こすことがよくあります。

子どものかんしゃくに心を痛めている人は、「この子は泣くことでしゃべろうとしているんだな」と理解し、「自己主張する能力がある」と前向きにとらえましょう。その上で、自分の気持ちを表現するために必要な3パターンの言葉を教えてください。

①要求：「ちょうだい」「取って」など。
②拒否：「いや」「だめ」など。
③注目：「見て！」「ねえねえ、ママ」など。

これらは人とコミュニケーションをとるために必要不可欠な言葉です。

第7章の言葉かけの例を参考にしながらこれらの言葉を教え、かんしゃくで気持ちを表現することから卒業できるように働きかけていきましょう。

実践ポイント
問題行動への対応

②問題行動を無視し、ほめて消去する

子どもが不適切な行動をとったとき、あえて無視する方法が効果的な場合も。ただし子どもを傷つけてしまうこともあるので要注意！

注意することが逆効果になる場合も

幼稚園でみんなが着席しているとき、何度も席を立つ子どもがいます。先生はそのつど「席に座りなさい！」と注意し、その子もいったんは着席しますが、またすぐに席を立ってしまいます。何が問題なのでしょう？

じつは、この子は注意されることで先生から注目されるのがうれしくて、何度も席を立っていたのです。先生が細かく注意を与えたことが逆効果だったというわけです。

こういうときの対処のポイントは、ひとまず問題行動を無視すること。このケースでは、子どもが席を立ってもあえて注意せず、放っておくのです。しばらくすると自分が注目されないことに気づき、しかたなく席に座るでしょう。そこですかさず「席に座れてえらいね」とほめます。30秒後、3分後も座れていれば、こまめにほめ続けま

問題行動は無視し、よい行動をほめる

す。よい行動に注目してほめることで、その行動が強化され、持続します。

このように問題行動を無視して消去するという対処法は、いろいろなシチュエーションに応用できます。ただ、無視を多用することで子どもの気持ちを置き去りにしてしまう場合もあるので、注意が必要です。

自閉症の当事者Aさんは、子どものとき、ゲームに負けると人のせいにしてかんしゃくを起こしていました。それを繰り返すうちに、かんしゃくを起こしても無視されるようになったそうです。そのときAさんの気持ちを理解し、たった一言「悔しかったね」と声をかけてくれる人がいたら、誰にもわかってもらえないという疎外感を味わわずにすんだだろうと、Aさんは自身のブログに綴《つづ》っていました。

子どもが「寂しい」「悔しい」といった気持ちになったときや、何かを我慢しているとき、その感情をどう表現していいかわからず、かんしゃくなどの問題行動を起こすことがあります。

その場合、行動に対しては注意を与えず（＝問題行動の無視）、「悔しかったね」「我慢してるんだね」など、子どもの気持ちを代弁する共感の言葉をかけ、落ち着くまで見守ります。あるいは「どうして○○したの？」と優しく理由を尋ねましょう。

そして、子どもが落ち着いたらほめることを忘れずに。また、無視するという対処だけでなく、親子で楽しく関わり合う時間を持ち、いい親子関係を築く努力（第4章）も大切です。

実践ポイント
問題行動への対応

③ごほうびを提示して交渉する

「○○したら△△しようね」と交渉すると、スムーズに行動に移れることは多いもの。ただし交渉のしかたには要注意のポイントがあります。

✕ 怒鳴って子どもを泣かせてしまう

勉強しなさい！何度言ったらわかるの
やだ〜、ゲームやってからやる〜

子どもに「勉強しなさい」と何度言っても聞かず、しまいには怒鳴り声をあげ、子どもは泣きわめく……。こんな経験、身に覚えのある人も多いのではないでしょうか。

そんなときは子どもに交渉を持ちかけるのがおすすめです。

「そろそろお勉強しようか」
「やだ、ゲームやってからやる〜」
「いいよ、お勉強終わったらゲームしようね」

こんなふうに、子どもにごほうびを提示することで、適切な行動へと導いていくのです。

このとき、交渉のしかたにはちょっとしたコツがあります。それは、ごほうびは必ず適切な行動のあとに与えることです。大人だって、先に報酬を受け取ってしまうと仕事に対するモチベーションが下がるでしょう。それと同

適切な行動のあとにごほうびを与えよう

じ理由です。

それに関連して、言葉のかけ方にも注意が必要です。たとえば✕「アメあげるから、静かにしてね」→○「おとなしくなったら、アメ食べようね」という具合に、「やるべきことが先、楽しみはあと」と覚えてください。なぜなら、✕の例のような言葉かけを続けていると、ごほうびがないと行動しない子になるおそれがあるからです。

ただし、この交渉では子どものモチベーションが上がらないこともあります。たとえば、機嫌が悪くて「お勉強が終わったらいっしょに遊ぼうね」と言っても拒否するときは、最初にくすぐり遊びなどをして親子で楽しんでみてください。子どもの気持ちがほぐれたところで、「あと2回やったらおしまいね。お勉強が終わったらまた遊ぼうね」と言葉をかけます。こんなふうに、「楽しみ＋やるべきこと＋楽しみ」のサンドイッチ方式で導入時のモチベーションを上げると、スムーズに行動に移れます。

こうした交渉をすんなり受け入れてくれるようになったら、ごほうびを先に与えるという交渉にもチャレンジしてみましょう。

たとえば、子どもが宿題をする前に見たいテレビ番組が始まるときなど、「これが終わったら宿題やるよ」と、あとですべきことを事前に予告し、テレビを見せます。このとき、子どもに「わかった」と言わせ、約束の確認をとっておくこと。子どもは心の準備ができ、実行に移しやすくなります。

❹子どもに選択肢を示し、自分で選ばせる

やるべきことを2つ提示し、子どもに選ばせると、自分の意見が通ったという満足感が得られ、実行に移す確率が高まります。

怒っても子どもは反発するだけ

子どもがやるべきことをやろうとしないとき、交渉するという方法のほかに、選択させるという対応も可能です。たとえば、こんなケース……。

「宿題やろうか」

「えー、やらなーい」

ここで親が怒って無理やりやらせようとすると、子どもは反発するだけです。それよりも、「じゃあ、6時からやる？　6時10分からやる？」と選択肢を示す言葉をかけ、子どもに選ばせてみてください。「（6時）10分からやる」と答えてくれたらしめたもの。子どもも自分で選んだことだけに、いやがらずに実行してくれる確率が高まります。

子どもに選択肢を投げかけるときは、楽しい話をするときのように笑顔で言葉をかけるのがポイントです。そうすれば子どもも楽しんで選択し、実

親は選択肢を示し、選ぶのは子ども

選んだのは自分、
だから実行に移しやすくなる
宿題やろうか
え～やらな～い
じゃあ6時からやる？6時10分からやる？
・・・・・・
10分からやるよ
わかった、10分からね

行してくれます。

では、「部屋を片づけなさい」と言ってもなかなか片づけようとしないとき、選択させる方法で対応するとしたらどんな言葉をかけますか？

このケースは80～81ページで説明したように、指示が漠然としていることがまず問題です。これを具体的な指示に変えるとき、「絵本を本箱にしまうのがいい？　おもちゃをカゴに入れるのがいい？」などと、選択肢を示して子どもに選ばせます。

「おもちゃにする」と答えたら、「♪お片づけ～、お片づけ～」といっしょに歌いながら片づけると、子どもは楽しく片づけられるでしょう。

もしもこのとき、「どっちもいや！」と答えた場合はどのように対応すればいいのでしょう。

「じゃあ、ママが選ぶから残ったほうを片づけてね」と言うと、子どもは自分で選ぶ確率が高くなります。

このように、子どもに選択させる方法は、親から一方的に指示される場合よりも強制された感じが少なく、子どもに自分の意見が通ったという満足感を与えられるメリットがあります。そのため、指示を受け入れやすくなるのです。

いつも親が決めるばかりでなく、子どもの意思を尊重し子どもに決断させる第一歩としても、この選択法はおすすめです。

ゆくゆくは、子どもが言われなくても実行できるようにすることが最終的な目標です。

実践ポイント

問題行動への対応

⑤トークンを活用し、困った行動を自制させる

大きなごほうびが、日々の課題に取り組む励みになるトークンシステム。上手に利用すれば長期的な目標達成につながります。

大きなごほうびを励みに、日々の課題を達成

うんちはトイレでね。シールたまったらDVD借りられるね
うん
スタート
ゴール

シールやスタンプを集めて商品や割引券と交換するトークンシステムは、集める楽しみと交換時の達成感の両方が味わえて、大人もワクワクします。

子どもを適切な行動に導くためのごほうびとして、このシステムを活用してみてはいかがでしょう。

次男の陸は幼稚園の年中のとき、毎日うんちを少しお漏らしして帰ってきていました。「うんちはトイレで！」「陸ならできるよね」といくら励ましてもだめ。理由を聞くと遊びに夢中でトイレに行くのが遅れてしまうと言うのです。

そこでシールを貼る台紙を用意し、「ちゃんとトイレでうんちできたら、ここにシールを1枚貼ろうね。10枚貼れたら、好きなDVDを借りに行こう！」と言いました。そして台紙を壁のボードに貼ってみると……、なんと

失敗したとき、脅しの言葉かけは避けよう

トークン開始の当日から、お漏らしがピタッと止まったのです。トークンシステムの効果には、我ながら驚きでした。

　トークンシステムで効果を上げるためには、最初はシールが1枚たまったらすぐにごほうびを与えましょう。このときのごほうびは、キャンディー1個のようなささやかなもので構いません。この経験で、シールを集めてごほうびをもらう達成感を味わわせたら、ごほうびがもらえるまでに集めなければならないシールの数を徐々に増やしていき、このシステムを理解させると同時に、子どものモチベーションを持続させましょう。

　また、最終的な目標を確認するためのこまめな言葉かけもポイントです。陸の場合は、朝起きたとき、幼稚園に行く前、着いたときの3回、「うんちはトイレでね。シールたまったら、DVD借りられるね」と言葉をかけていました。

　途中で失敗したり、課題が達成できないことがあっても、「なんでうんち漏らしたの！　そんなんじゃ、DVD借りられないからね」といった脅《おど》しの言葉かけは絶対にやめてください。子どもは自信とやる気をなくし、それまでがんばってきたことが台なしになります。

　失敗したときは、「残念だったね。明日またがんばろう！」と、子どものやる気が持続するような励ましの言葉をかけましょう。台紙に×をつけたりしないことも大切です。

子どもが失敗したとき
こんな対応をすると……
うんちしちゃった……
なんで漏らしたの！そんなんじゃ、DVD借りられないからね
これきらい……
スタート
ゴール

実践ポイント

問題行動への対応

❻タイムアウトで親も子もクールダウン

許しがたい行為に対しては、タイムアウトして子どもの気持ちを落ち着かせましょう。ただし、使いすぎると効果がなくなります。

タイムアウトの言葉かけは冷静に

手当たりしだいに物を投げるなど、子どもが許しがたい行為をしたときは、一定時間自由を奪うタイムアウトという対処のしかたもあります。タイムアウトには、子どもをクールダウンさせて気持ちを落ち着かせる効果があります。同時に、親も冷静になることができます。

昔は子どもが悪いことをすると、どの家でも、しばらくのあいだ押し入れや納戸《なんど》に閉じ込め、反省を促しました。これもタイムアウトの一種といえるでしょう。ただし発達障害を抱える子どもの場合、押し入れなど狭くて暗いところではパニックを起こしやすいので、使用は避けましょう。

タイムアウトを実行する時間は、年齢1歳につき1分を目安に。つまり3歳の子にタイムアウトする場合は3分が目安になります。次ページに、タイムアウトのやり方の3つのパターンを示しました。

タイムアウトするときの具体的な言葉のかけ方は、以下の、妹に何度も暴力をふるう兄に対してタイムアウトするケースを参考にしてください。

「押し入れに入ってなさい！」はタイムアウトの一種だが……

まず、「今度○○ちゃんに暴力をふるったらタイムアウトします」と、事前に宣言しておくことが大切です。

タイムアウトするときは、「○○ちゃんに暴力をふるったからタイムアウトします」と冷静に告げて実行します。このとき感情的な口調にならないように注意してください。

タイムアウトの目的は、罰を与えることではなく、クールダウンさせて落ち着かせることです。親が感情的になると罰の意味合いが強まり、子どもは強く反発するか、いじけてしまうおそれがあります。

また、頻繁にタイムアウトを実行すると子どもが慣れてきて、しだいに効果は薄れます。ほかの人に危害を加えたり、いちじるしく迷惑をかけたときなど、どうしても許しがたい行為に限定して実行するのが原則です。

効果的なタイムアウトの３パターン

1 別室に連れて行きクールダウン

子どもを別の部屋に連れて行き、一人にさせます。子どもは親と離れて環境が変わることで、気持ちが落ち着きます。落ち着いたらそばに行って抱きしめ、落ち着けたことをほめましょう。なお、室内におもちゃや絵本など子どもが楽しめるものがあると、タイムアウトの効果はなくなります。

2 子どもと離れて親がクールダウン

イライラして子どもをたたきそうになったら、トイレなどに入って子どもと離れ、クールダウンしましょう。ドアを閉めて内側から鍵をかけ、気持ちが落ち着くまで沈黙します。クールダウンできたら外に出ましょう。体罰はエスカレートする可能性もあります。気持ちが激しているときは、親もクールダウンして冷静になる時間が必要です。

3 子どもの肘をそっと押さえる

子どもの背後に回り、子どもの肘《ひじ》をそっと押さえます。抵抗が強い場合は、子どもを床にうつぶせにして、やはり肘をそっと押さえましょう。正面から押さえようとすると、蹴られたり、目が合ったりします。怒りに燃えた子どもの目を見ると親も感情的になりやすいため、このタイムアウトは、背後から冷静に行うのがポイントです。

実践ポイント

問題行動への対応

❼事前に警告し、破ったらペナルティーを

許しがたい行為へのもう一つの対応がこれ。ただし実行の前提として、いい親子関係が築けていることが重要になります。

ひどい物投げ行為が止まったBくんの場合

子どもが許しがたい行動を何度も繰り返す場合は、事前に警告し、破ったらペナルティーを与えるという対処法もあります。

私がセラピーを担当していたBくんは、食器やラジカセといった壊れものも含めて、身の回りにある物を手当たりしだいに投げていました。

お母さんは「このまま物を投げる行動が続いたら、この子は将来どうなってしまうのか」と、心を痛める日々を過ごしていました。

お母さんから相談を受け、家庭訪問してBくんの様子を観察した私は、Bくんが一日じゅうテレビをつけっぱなしにしておくことにこだわっていることに着目し、「次に物を投げたら、テレビ消すよ」と警告しました（警告するときは、感情を表に出して怒るのではなく、冷静にさらっと伝えるようにしましょう）。

しばらくするとBくんはテーブルの上のお菓子やカップを投げ始めたので、私は警告どおりすぐにテレビを消しました。

最初のうちは泣きわめいて抵抗したBくんですが、私が1分間のタイマー

問題行動に対応するには、まずいい親子関係を築くこと

をかけ「ピピピ鳴るまでの我慢だよ。鳴ったらテレビつけるよ」と言葉をかけると、時間まで我慢できました。こうして警告とテレビを消すペナルティーを何度か繰り返すうちに、私のセラピーの間は物を投げることがなくなりました。

その後、ABAを利用した言葉かけによってBくんの言葉の能力が伸び、自分の意思を伝えられるようになったこと、お母さんが3分間のタイムアウト（99ページ）を続けたことで、物を投げる行動は止まったそうです。

このケースのように、警告を破ったときのペナルティーは、子どものやりたいことや好きなものを取り上げるのが適切です。成功のポイントは、ペナルティーを与えるのは短期間にとどめること。長くても1日が目安です。期間が長すぎると、子どもの反発が強くなり、問題行動はさらにエスカレートしかねません。

また、ペナルティーへの抵抗が強いときは、私がBくんにしたように、タイマーを利用して短時間から始めてください。

ところで、子どもが問題行動を連発すると、親からは笑顔が消えてしまいがちです。でも、恐い顔で小言や指示を繰り返していると、タイムアウトや警告の効果は半減します。

問題行動に頭を悩ませているときも、第4章で紹介した「いい親子関係を築く」ための働きかけは怠らないよう注意してください。それによって親の笑顔が増えれば、子どもも笑顔になります。そうして子どもの心が満たされると、問題行動は自然に減っていくことも少なくありません。

親が笑顔を忘れ、注意や小言を繰り返している場合
問題行動多発
どうしてできないの！
ダメな子ね
何度も同じこと言わせないで！
ふれあい遊びなどを通じて、親子ともに笑顔がある場合
問題行動減少
チュッ
チュッ

コラム

子どもに尋問口調で問いかけていませんか？

「今日、給食で何食べたの？」
「カレー」
「休み時間、何して遊んだの？」
「鬼ごっこ」
「宿題は何が出たの？」……

子どもへの質問が、こんなふうに一方的な尋問になってしまうことはありませんか？

これでは楽しい会話とは言えませんね。最初の質問に子どもが「カレー（食べた）」と答えたら、「へー、カレー食べたんだー」とリピートし、ワンクッション置いてから「いいな、おいしかった？」とさらに問いかければ、会話はスムーズに続いていきます。

「今日、給食で何食べたの？」という質問にはうまく答えられない子どももいます。その場合は「今日の給食はごはんだった（パンだった）？」と、イエス・ノーで答えられる質問から始めます。続いて「おかずは何だった？」、問いにスムーズに答えられない場合は、「おかずは肉だった、魚だった？」の二択形式の質問や、「野菜は食べたの？」とイエス・ノーで答えられる質問に切り替え、その後「何の野菜を食べたの？」と細かい質問に移るといいでしょう。

子どもに質問するときは必ず笑顔で。また子どもが答えたくない様子のとき、「答えてないよ！　ちゃんと教えて！」などと怒りモードになるのは避けましょう。そんなときは質問ではなく、自分の失敗談などを話してみてください。逆に子どもに質問させるのもいいですね。質問の言葉が出てこないときは「ママ、お昼に何食べたの？」と親が子どもの質問を代弁し、子どもにまねさせましょう。

食事中はリラックスして会話もはずみやすくなります。テレビを消し、親子で会話のキャッチボールを楽しんでください。

第7章

子どもを伸ばす日常生活での言葉かけ

実践ポイント
日常生活での言葉かけ

日常生活のあらゆる場面が言葉かけのチャンス！

毎日子どもと接するなかで、言葉かけのチャンスを逃さず、状況に応じてタイミングよく言葉をかけるには、どうすればいいのでしょう？

言葉かけの機会を逃していませんか？

子どもを伸ばすための言葉かけというと、何か特別なことをしなければと構えてしまう人もいると思います。

でも、ここまで紹介してきたように、言葉かけのチャンスは、朝起きてから寝るまでのあいだの日常生活のなかにたくさん転がっています。食事や遊びをはじめ子どもと関わるあらゆるシチュエーションが、言葉や考える力を伸ばす素材になるのです。

大事なことは、そのチャンスを逃さず、状況に応じた適切な言葉をかけること。この章では、チャンスのつかみ方や言葉かけのコツについて考えてみましょう。

たとえば、食事中に子どもがお茶をこぼしたとき、「あー、またこぼしたの。よそ見するからでしょ！」などと小言を言いながら親がサッと後始末をした場合、言葉かけの機会はゼロ。そ

失敗したときこそ、言葉かけのチャンス！

の上、親子ともに不快な気分だけが残ってしまいます。

では、次の対応はどうでしょう。これはまだ言葉があまり出ていない子どものケースです。

まず、親が「あら？」と笑顔で言いながらこぼれたところを指さし、注目させます（共同注視、64〜65ページ）。次に「こぼれちゃった。どうしたらいい？」と声をかけ、少しのあいだでも子どもに考える時間をつくります。そのあと「ふけばいいよね。ふきん取って」と言い、子どもにふきんを持ってこさせます（ふきんがわからなければ、背後からプロンプトしてふきんのあるところにいっしょに移動）。

子どもがふきんを持ってきたら、「ありがとう。ふいて」と、ジェスチャーをしながら言葉をかけます（「ふいて」に反応しない場合は、上から軽く手を添えて動作をプロンプト）。テーブルをふき終わったら、「きれいになったね。ありがとう」とほめ言葉でしめくくります。

いかがですか？　子どもに考えさせ自分で後始末させることで、さまざまな言葉かけの機会が生まれます。

大事なのは、「この状況で子どもの言葉を引き出すには、どうすればいいか」「次に何をすべきかを子どもに考えさせるには」といったことを常に意識すること。どんな言葉かけが必要かです。その上で「子どもが失敗したときこそチャンス」と前向きにとらえれば、子どもの行動にイライラすることも少なくなります。

実践ポイント
日常生活での言葉かけ

気のきかない親になって、マンドを引き出そう！

察しのよすぎる親の行動は、言葉を伸ばす上ではマイナスに。気のきかないふりをして、子どもからマンド（要求言語）を引き出しましょう。

子どもの要求に先回りして応じていませんか？

子どもが望んでいることや言いたいことを察し、親が先回りする「親切」は、子どもの言葉や思考力を伸ばす上では、「不親切」な行為と言えます。なぜなら、言葉で自分の意思を伝えなくても周りが望みどおりに動いてくれるなら、子どもは話す必要性を感じなくなってしまうからです。

子どもの言葉を伸ばすには、「自分で言葉を発して意思表示しなければ」と思わせるように、察しの悪い親のふりをすることが必要です。

私もABAを知る前は、「空はどうせ言葉を理解できないのだから」と、先回りして息子の要求に応じることが習慣になっていました。そんなある日、テーブルの上にある箱の中のお菓子を欲しそうに見ていた息子に、箱から取り出したお菓子を与えたとき、そばにいた親戚のおばさんに、「あらっ、『ちょうだい』って言わせないの？」と指摘され、ハッとしました。

その後お菓子を与えるときは、「ちょうだい」と言わせてから少しずつ与えることにしました。「ちょうだい」「取って」などの要求言語をマンドと言い、私が息子にさせていたことがマ

わざと気のきかないふりをして、マンドを引き出す

ンドトレーニングという、言葉を伸ばす働きかけの一つであることを知ったのは後のことです。

左の漫画は、マンドを引き出す言葉かけの一例です。子どもが棚の上のおもちゃを取って欲しいんだと察しても、「どうしたの?」「ん?」などと首をかしげながら、おもちゃを指さします。次に「取って」と子どもが言うべき言葉をプロンプト。「取って」が言える子どもには、「取ってほしいときは、なんて言うんだっけ?」と、取るジェスチャーをしながら問いかけます。

子どもの要求とはちがうものを、わざと指してみるのもいい方法です。以下はその場合のアプローチ例です。

「これかな?」「ちがう」「じゃあ、これ?」（子どもの欲しいものを指す）「……………」（当たっているが、どう答えていいかわからない）「そう」（子どもが言うべき返事をプロンプト）「そう」「上手に言えたね。じゃ、もう一回聞くよ。これかな?」「そう」

ワンポイントアドバイス

こんな一工夫で積極的にマンドを引き出そう!

お気に入りのおもちゃやお菓子を透明のプラスチックケースに入れ、子どもの目に入るけれど取れない位置に置き、「取って!」「ちょうだい」などの言葉を引き出しましょう。言葉で伝える（言葉が出ていない場合は声を出す）と欲しいものが手に入ることを経験させることは、マンドを引き出す上での基本的な働きかけです。

実践ポイント

日常生活での言葉かけ

簡単にできて効果的な言葉かけのコツ❶

一工夫したアプローチで、子どものコミュニケーション力を高める言葉かけの方法をご紹介。日常生活のさまざまな場面に応用できます。

まず、子どもに声を出す楽しさを教えよう

❶子どもの言葉や動作をまねる

たとえば、子どもが机をたたいて「ああ」と言ったら、親もそれをまねしてみましょう。これは、まだ言葉をあまり発しない子どもに対しておすすめです。自分の動作や声を親がまねしてくれたという共有体験により、子どもは声を出すのは楽しいと感じることができます。楽しさにつられて親と目を合わせる効果も期待できます。

❷動作や気持ちを「子どもの言葉」で代弁する

子どもが何かをしているとき、その動作や気持ちを、親が代弁し語りかけてみましょう。

たとえば、子どもが滑り台の階段を上っていたら、その動作に合わせてリズミカルに「かいだん、のぼる。かいだん、のぼる」と言葉をかけます。子どもの動作に合わせ、自分がいま何をしているか、その言葉を子どもの脳にインプットするようなイメージで語りかけてください。

階段を上りきった子どもが下を見下ろしていたら、「たか～い」と、子どもの気持ちになって声をかけます。このとき、「たか～い、だよ」と、親が

「実況中継」は、名詞をリズミカルに繰り返すのがポイント

3
これは？コップ
コップ
これなぁに？ジュース
ジュース
子どもが注目しているか確認しながら
ジュース、入れます
ジュース、入った

言葉を付け足すのは避けましょう。自閉症の子どもは「○○だよ」まで覚えてしまい、不自然な言葉づかいが習慣になることがあります。子どもの気持ちを、あくまで子どもの言うべき言葉で代弁するのがポイントです。

❸親の気持ちや行動を実況中継

子どもに向かって親の一連の行動を実況中継すると、行動と言葉が結びつき、語彙《ごい》が広がって会話力が高まる効果があります。

そのために、まず親の行動に注目させること。子どもがジュースを飲みたがっていたら、コップにジュースを注いでみせるなど、欲求に合わせた行動をとると、注目してくれる確率は高くなります。

まず「ジュース、入れるよー」と声をかけ、「これは？　コップ、コップ」と繰り返します。このとき指を上下に動かしながら、リズミカルに名詞を繰り返すと、記憶しやすくなります。

次にジュースを指さしながら、子どもが注目しているか確認し、「これなあに？　ジュース、ジュース」と同様に繰り返します。ここで一呼吸おき、「ジュース、入れます」と声をかけながら、ジュースをコップに注ぎます。注ぎ終わったら指さしながら「ジュース、入った」と言って終わります。

実況中継するときは、単語を一語ずつ区切って発音しましょう。会話中の読点（「、」）のところで1秒程度の間を置くのが目安です。こうすることで、それぞれの単語を際立たせ、よりわかりやすくする効果があります。

実践ポイント
日常生活での言葉かけ

簡単にできて効果的な言葉かけのコツ②

引き続き、コミュニケーション力を高める言葉かけの方法です。子どもが発した言葉に親が新たな情報を加えることで、会話の幅が広がります。

言葉が出ているなら、語彙力をつける工夫を

❹子どもの言葉に、新たな情報を付け足して話しかける

次は、単語がある程度出ている子どもに対しておすすめの方法です。

たとえば、子どもが走っている車を指さして「車!」（名詞）と言ったら、「車、来た」（名詞＋動詞）と2語で返します。それに対して「車、来た」と言えたら、今度は「赤い車、来た」（形容詞＋名詞＋動詞）の3語で返しましょう。このように、違う品詞の言葉を新たに加えて話しかけることには、単語のバリエーションを広げ、語彙力をつける効果があります。

さらに、この方法で子どものマンドを引き出すこともできます（106〜107ページ）。

子どもが「お菓子」と要求したとき、すぐに与えず、「お菓子、ちょうだい」とプロンプトします。そのあと「お菓子、ちょうだい」と言えたら、そこで初めて「はい、どうぞ」と、お菓子を与えます。

上手な言葉かけの第一歩は、子どもの様子をよく見ること

❺これまで使ったことがない会話文で話しかける

これも子どもの発した言葉を利用した言葉かけの方法です。

花に飛んできた蝶を見て「チョウチョ」と言ったら、「チョウチョ、お花にとまったね」のように、新しい単語を加え、文章にして会話を続けてみましょう。

この方法は、子どもが発した言葉に対し、タイミングを逃さず言葉を返すのがポイントです。次のようにあいだに問いかけをはさみ、親の言葉を自然に繰り返させるのも効果的です。

「お花」→「きれいなお花〜」→「どんなお花？」→「きれいなお花」

こんな言葉かけを続けると、コミュニケーションへの興味が育ち、少しずつ複雑な会話ができるようになります。

日常生活での言葉かけのポイント

1．無駄だと思わず言葉をかける

「どうせこの子にはわからない」と思わず、根気強く言葉をかけること。脳の引き出しに言葉がしまわれ、いつかそこから言葉があふれ出すというプラスのイメージを持ちましょう。

2．子どものレベルに合わせた言葉かけを

親が見たものをやみくもに話しかけても言葉は届きません。子どもの反応を見ながら、言語レベルに合わせた長すぎない言葉かけを心がけましょう。

3．常に子どもの目線の先を観察する

子どもが何かに注目しているとき、何かを体験しているとき、感じているときが言葉かけのチャンス。タイミングを逃さないためにも子どもの様子をよく見ることが大事。なかでも、いま何に注目しているのか、その目線の先を観察し、それに合った言葉をかけることが重要です。

4．よけいな言葉はつけ足さずにプロンプト

子どもの気持ちや動作をプロンプトで代弁するときは、よけいな言葉はつけ足さないこと。子どもが同じ遊びをもう一度やりたそうにしているとき、「もう一回やりたい、だよ」などと言いがちですが、自閉症の子どもは最後の「〜だよ」までまねてしまうことが多いのです。この場合は「もう一回やりたい！」と、子どもが言うべき言葉だけをプロンプトします。

ワンポイントアドバイス

子どもの言い間違いは頭から否定せず笑顔でさりげなく言い直す

子どもが間違った言い方をしたとき、「違うでしょ」と険しい顔で否定したり、「いまなんて言った？」と問いただすのはやめましょう。たとえば「（テレビ）あけて」と間違えた場合、「いいよ、テレビつけるね」と、笑顔で言い直してください。そのあと「つけて」とプロンプトし、「つけて」と言わせます。

言い間違いを否定されてばかりいると、話すこと自体がいやになってきます。まずは言葉を発したことを評価し、親が言い直したあとで正しく言えたら「それでいいよ」とほめましょう。

実践ポイント
日常生活での言葉かけ

手を洗ってみよう❶

子どもに洗面所で手を洗わせる。この日常的な行動のなかで、どんな言葉かけができるでしょうか。3つのパートに分けて考えてみましょう。

子どもの手洗い、無言で助けていませんか？

子どもを洗面所に連れて行き、手を洗わせる――毎日何気なく繰り返しているこの一連の行動のなかにも、言葉かけの機会はたくさんあります。

それに気づかず、あるいは「この子は言葉がわからないから声をかけても無駄だ」と思い込み、無言で対応していませんか？

まずは一連の行動を、①洗面所に連れて行く、②水を出して手を洗う、③せっけんをつけて洗う、の3つのパートに分けてみましょう。左ページに、各パートごとに、まだ言葉がほとんど出ていない子どもへの言葉かけの例を示しました。ポイントは、次に行うべき動作を子ども自身に考えさせるように、言葉で誘導すること。簡単そうに見えて複雑な手順がある手洗いは、子どもに自分で考える習慣を身につけさせるための格好の教材になります。

次の行動を子どもに考えさせる言葉かけを意識しよう！

1 洸面所に連れて行く

まず「手を洗おうね」と言葉をかけ、次に「洗面所、どこかな？　洗面所、どこかな？」と言いながら、子どもの背中を押していっしょに洗面所に向かいます。着いたら「ここは？」「洗面所」という言葉かけをします。子どもに「洗面所」と無理に言わせる必要はありません。

2 水を出して洗う

「水、出して」と声をかけながら背後からプロンプトし、子どもの手を水道の蛇口に誘導して水を出させます。水が出てきたら指さしながら「水、出たね」と声をかけてください。次に「手、洗う」と言いながら背後からプロンプトして子どもに手を洗わせます。洗い終わったら、「水、止めて」と言い、プロンプトして水を止めさせます。

3 せっけんで洗う

「次はどうする？」と問いかけ、少し間をあけて考えさせてください。返事がなければ、「せっけん、つける」と子どもの答えを代弁。次に「これは？」とせっけんを指さしながら問いかけ、少し間をあけて「せっけん、せっけん」、さらに「せっけん、あわあわ、せっけん、あわあわ」と楽しく声をかけながら背後からプロンプトし、子どもの手にせっけんをつけて泡立てます。

実践ポイント
日常生活での
言葉かけ

手を洗ってみよう②

手を洗うときの言葉かけの具体例です。親が上手にプロンプトしたり、問いかけを工夫することによって、複雑な受け答えも可能になります。

ある程度言葉が出ている子どもには、親が先に子どもの言うべき言葉やヒントをつぶやき、それに続けて子ども自身の言葉を引き出す方法が効果的。これを「つぶやきプロンプト」と言います。

たとえば子どもを洗面所に連れて行く前に「洗面所で手を洗おうね」とつぶやき、すぐに「どこで手を洗う？」と聞き、「洗面所」の答えを引き出します。洗面所に着いたら子どもに照明のスイッチを入れさせ、すぐに「明るくなった！」のあと、「どうなった？」と尋ねます。

次は「消したらどうなる？」「消してみて」で子どもにスイッチを切らせます。そのあと「消したら暗い」とつぶやき、続いて「どうな

「つぶやきプロンプト」ありのケース

ワンポイントアドバイス

反応が悪いときはマイク作戦で

「つぶやきプロンプト」に対して、子どもから期待した反応がない場合には、握り拳《こぶし》をマイクに見立てて話してみましょう。そして次の問いかけをするとき、握り拳のマイクを子どもに向けると、子どもは答えやすくなります。

「つぶやきプロンプト」なしのケース

った？」と問いかけます。「暗い」という言葉が引き出せれば成功です。親の「つぶやきプロンプト」によって子どもの言葉が引き出せるようになったら、次はこれがなくても正解の言葉が出てくるようにしましょう。

洗面所に行くときは、まず「手を洗うときはどこへ行く？」と問いかけます。「洗面所」と答えられたら、すかさず「当たり！」などと正解したことを強調する言葉をかけてほめましょう。

洗面所に着いたら子どもにスイッチを押させ、照明を指さして「どうなった？」と問い、「明るい」「明るくなった」などの答えを引き出します。

この段階の子どもには、「手を、洗う」「手が、乾く」など、助詞を意識した言葉かけをすることも心がけてください。助詞を省略し、単語を並べるだけのほうが言いやすいのですが、それだけでほめていると、助詞がうまく使えなくなる可能性があります。

たとえば「次はどうする？」と言ったあとで「手を……？」と問いかけたり、手をふいたあとに子どもの手を指さし「どうなった？」「手が……？」と問いかけるなど、問いを助詞で切って、それに続く言葉を子どもに言わせる方法が効果的。これもプロンプトの一種です。

また、手順がある行為に対しては、段階ごとに「次はどうする？」と問いかけ、次にやるべきことを自分で考える習慣を身につけさせることも大切です。

手を洗うときはどこに行く？
洗面所
当たり！
手を？
洗う
次はどうする？
タオルでふく
手が、
どうなった？
かわいた

実践ポイント
日常生活での言葉かけ

散歩をしてみよう

散歩は共同注視力を養う絶好のチャンス。スモールステップで徐々に歩く距離をのばしながら、さまざまな刺激を与えましょう。

小刻みな目標設定で、歩く距離をのばそう

発達障害を抱える子どもの親は、子どもが外でかんしゃくなどの問題行動を起こしたら、周囲からどう見られるだろうと他人の目が気になり、家にこもりがちになる傾向があります。

でも、子どもを外に連れ出すことは、さまざまな経験を通して言葉をかけたり、体を動かして脳の発達を促すチャンスなのです。家の周りを歩くだけでも、言葉かけのきっかけとなる多くの刺激を受けることができます。

ただし、散歩するのを嫌がる子どももいます。その場合にはスモールステップで取り組みましょう。

たとえばカウント10（78～79ページ）を活用し、「10歩いたらおしまいね」「1、2、3……」と数えながら進み、10まで歩けたら「えらいね」とほめます。ひどく嫌がっているときは、「今日はおしまい」で引き返してもいいのです。翌日はカウント10の歩きを3回繰り返すなど、徐々にトータルの距離をのばしてください。

目印になる目標を小刻みに設定しながら、少しずつ歩く距離をのばそう

「電信柱まで歩こう」など、目標を小刻みに設定するのもいい方法です。歩けたらほめ、次の目標を伝えます。ときどき「後ろに歩くよ」「5で止まるよ」「ストップ！」「走れ～」などの言葉をかけ、変化をつけて楽しみましょう。

途中で子どもが抱っこして欲しそうにしたら、「抱っこ」と言わせるか、しゃがんで子どもと同じ目線になり、「抱っこ」と、子どもの言葉を代弁。「10抱っこするね」など、ここでもカウント10を活用し、抱きっぱなしにならないようにします。

こんなふうにスモールステップで「歩けたらほめる」「歩いている途中もほめる」を繰り返していけば、しだいに長い距離を歩けるようになります。

散歩は共同注視力を養うチャンスでもあります。64～65ページのやり方で言葉をかけ、歩いている途中で見かけた動植物や車、飛行機、郵便ポストなどに注目させましょう。

また、歩きながら楽しく五感を刺激する言葉をかけると、言葉が定着しやすくなります。左ページの方法を参考に、子どもの興味や成長の度合いに応じた言葉かけを工夫してください。

歩きながら、五感を刺激する言葉かけを

1 物の名前を尋ねてタッチさせる

散歩の途中で目についた物を指さし、「これは？」と尋ねます。答えがなければ「木」とプロンプトし、「木」と言わせましょう。慣れてきたら単純に反復させるだけでなく、木にタッチさせ、五感を刺激する言葉かけをしていきましょう。実際に触ってみることで、物と言葉が結びつきやすくなります。

2 「どこかな？」にタッチで答えさせる

「これは？」に加え、「○○どこかな？」と問いかけると、疑問形のバリエーションが広がります。たとえば、「木、どこかな？　木、どこかな？」と問いかけ、子どもといっしょに木に近づきます。子どもが木を指さしたら、さらに「そう、木だね」と声をかけながら、子どもが木にタッチするように促しましょう。

3 子どもの気持ちを代弁する

①や②で木にタッチするとき、上を見上げて「たか～い」と言うなど、子どもの気持ちを代弁する言葉かけも加えましょう。たとえば子どもが滑り台を滑り始めたら「すべる～」、滑り降りたら「すべった～」、楽しそうにしていたら「楽しかった！」など、子どもの気持ちになって声をかけてください。

実践ポイント
日常生活での言葉かけ

子どもといっしょに料理をしよう

料理には、子どもの能力を伸ばす上でのメリットがいっぱい。「うちの子には無理」と決めつけず、できることからトライしてみましょう。

子どもの好奇心をかきたて、楽しく能力アップ

子どもに料理をさせるメリット

- 社会性を高める
- 模倣力、段取り力を養う
- 感覚的な言葉の獲得
- あいまいな概念を理解

料理は子どもの興味を引きやすく、手順が進むにつれて材料の状態が変化することも好奇心をかきたてます。その上、最後に作ったものを食べることができるのが何よりの強化子となって、モチベーションも上がります。

親といっしょに料理をすることは、物を見る力、模倣する力を養う格好の機会となり、共有体験によって社会性を高めることも期待できます。

料理には決まった手順があるので、段取りをする力を養うこともできます。「次は？」「それから？」など、子どもに段取りを考えさせる言葉かけをしましょう。

また、味の加減を通して「もう少し」「あとちょっと」など、自閉症の子どもが苦手とするあいまいな概念を、自分の味覚で実感できます。さらに、香りや手触りなどで五感を刺激され、「やわらかい」「ぬるぬる」「しょっぱい」「甘い」「いい匂《にお》い」といった感覚的な言葉の獲得にもつながります。

こんなふうにいいことずくめの料理を、「火や刃物を使うから危険」「うちの子には絶対に無理」などと敬遠するのは、非常にもったいないことです。もちろん安全面への十分な配慮は必要ですが、その上でできることから少しずつ手伝わせながら、子どもといっしょに楽しんでください。

左ページに、子どもと料理をつくるときの言葉かけの例を、卵焼きづくりの手順の一部にそって示しました。

料理をするときの言葉かけ ——卵焼きづくりの手順の一部を例に——

1 卵を割る

「卵、割るよ」「コンコンするよ」
（子どもの背後から動作をプロンプトしながら）「卵を、割る」
「卵を……」（もう一度言葉で誘導）
「割る」

言葉の出ていない子どもに対しては、「卵を割る」という言葉が頭のどこかにインプットされ、いつか出てくるというプラスのイメージを持ちながら声をかけましょう。子どもに無理に言わせる必要はありませんが、何度か繰り返すうちに「割る」と言えたらほめてあげましょう。

2 しょうゆを入れる

「次、何する？」

（少し間をおき、子どもに考えさせてからプロンプト）「しょうゆ、入れる」

「次、何する？」

「しょうゆ、入れる」

（しょうゆの容器を指さしながら）

「これは？」

「しょうゆ」（正解をプロンプト）

「しょうゆ」

（ここまでうまくいったら、さらに続けて）

「そう！」

「もう一回」「これ、なあに？」

「しょうゆ」

「正解！」

（子どもの背後からプロンプトして、卵を割り入れた容器にしょうゆを加えながら）

「しょうゆ、入れる」

（実際にしょうゆを入れるタイミングのときに「入れる」の言葉をかけるよう注意）

「しょうゆ入れる」

3 しょうゆを味見させ、かきまぜる

「しょうゆの味は？」

（少し間をおき、考えさせる）

「なめてみよう」（子どもになめさせる）

「しょっぱい」（子どもがなめたときに言うべきことを代弁する）

「しょうゆの味は？」

「しょっぱい」

（うまくいったら、さらに会話を続ける）

「そうだね」

「次は、どうする？」

（少し間をおき、考えさせる）

「かきまぜる」（正解をプロンプト）

（子どもといっしょに卵をかきまぜながら、もう一度声をかける）

「かきまぜる」

「かきまぜる」

実践ポイント
日常生活での言葉かけ

子どもといっしょに料理をしよう 上級編

卵焼きという簡単な料理のあいだだけでも、じつに多彩な言葉かけが可能です。親子で会話のキャッチボールを楽しみましょう。

会話のキャッチボールを意識した言葉かけを

言葉をある程度理解している子どもには、卵焼きをつくる手順を通して、もう少し複雑な言葉かけをしてみましょう。左ページに会話の例を2つ示しました。

親がプロンプトした言葉を繰り返させる段階から一歩進み、会話のキャッチボールを意識した言葉かけです。質問に答えられないときは「わからない」と言うことや、わからないことはほかの人に聞くことを教えてください。

質問の答えが間違っていても、「ちがうでしょ」と頭から否定せず、正解に導く問いかけを繰り返しましょう。

実際にはここまでスムーズにいかないかもしれませんが、角度のちがった問いを次々と投げかけることで、語彙力や会話の能力が高まります。

さらに、料理は数の概念を教える入り口になります。会話がスムーズに流れ始めたら、以下のような問いかけにも挑戦してみてください。

「卵が3個あるね。1個割ると（割ってみる）残りは何個？」→引き算

「ソーセージ、一人3本ずつ食べよう。3人だから全部で何本出せばいい？」（子どもといっしょに数えながら袋から出す）→足し算・かけ算

「ハンバーグが8個あるね。4人で分けると、一人何個食べられるかな？」（お皿に分けてみる）→割り算

また、砂糖100g、牛乳150ccなどを量《はか》ってみると、重さや量の学習に役立ちます。

ワンポイントアドバイス

料理カードやノートで能力アップ！

料理を手順ごとに撮影し、連続カードを作成します。これをランダムに並べ、正しい順番に並べ替える遊びをしてみましょう。料理の手順や順番の概念が、楽しみながら身についてきます。また、写真を見ながら子どもにつくり方を説明させてください。手順にそって話を組み立てられるように誘導すれば、説明能力や段取り力がついてきます。料理ノートを用意し、作業を思い出しながら材料や手順を記録させるのも、いい方法です。

角度のちがう問いを投げかけ、会話力をアップ

会話例 1

「卵を割るよ」「卵を……」

「割る」

「次は何する？」

「…………」

「わからないときは？」

「わからない（知らない）」

「じゃあ、次に何するか、ママに聞いて」

「次、何するの？」

「しょうゆを、入れる」

「しょうゆを入れる」

「そうだね」「しょうゆの味は？」

「……甘い」

「じゃあ、なめてみよう」（子どもがなめる）

「どう？」

「しょっぱい」

「当たり～！　しょうゆは……」

「しょっぱい」

「しょうゆ入れて」

（子どもがしょうゆを入れる）

「次、どうする？」（少し間をおく）

「卵を……」

「かきまぜる」

会話例 2

「卵焼き食べたい人～」

（子どもに手を挙げさせる）

「卵焼き、いっしょにつくろう」

「いいよ」

「料理する前に、何しなくちゃダメ？」

「手を洗う」

「そうだね」（いっしょに手を洗う）

「卵焼きは、どこでつくるの？」

「台所」

（知っている料理番組のテーマ曲を口ずさみながら台所へ移動）

「卵焼きをつくるには、何が必要？」

「卵、……しょうゆ」

「卵は、どこにある？」

「冷蔵庫の中」

「ピンポーン！」「卵、何個必要？　3人に、1個ずつだから？」

「3個」

「そうだね」「この卵は、誰が産んだの？」

「ひよこ」

「惜しい！」

「にわとり」

「当たり～」「じゃあ、卵を割ってみよう。太郎ちゃんはこれから何するの？」

「卵を割る」（子どもが卵を割る）

「太郎ちゃん、いま、お皿割ったね」（わざとちがうことを言って言葉の能力を刺激）

「ちがうよ、卵だよ」

「あっ、そうだったね～」「次は、どうする？」

「しょうゆ入れる」（子どもにしょうゆを入れさせる）

「いま、何したの？」

「しょうゆ入れた」

「そうだね」「次は？　どうしようか？」

「かきまぜる」

「かきまぜるには、何がいるかな～」

「箸」

「当たり～」

（途中の手順略。卵液をフライパンに入れ、ジューッと音を立てたら……）

「わー、おいしそう」

「おいしそう」

（最後に共有体験を言葉にする）

実践ポイント

日常生活での言葉かけ

食事のときの言葉かけ ①

楽しい食事の時間には言葉かけのチャンスがいっぱい。たとえば子どもに配膳の手伝いをさせるだけでも、さまざまな働きかけができます。

食事の時間を無言で過ごしていませんか？

食事のとき、配膳をすべてすませてから、子どもに「ごはん食べるよ」と声をかけていませんか？　また食事中、小言以外の会話がほとんどない状態になっていませんか？

食事をするという行為には、事前の準備も含めて言葉かけの機会がいっぱい。これを見逃してしまうのは、とてももったいないことです。

まずは言葉と動作のプロンプトで子どもを誘導しながら、配膳を手伝わせましょう。食べることは満足感に直結しているため、お手伝いのモチベーションも上がりやすいのです。

「この子にお手伝いなんて無理」とか「自分でやったほうが早い」と決めつけず、やらせてみてください。最初は手がかかりますが、以下の言葉かけの

ワンポイントアドバイス

食事のときの言葉かけは笑顔で楽しく

食事は生きるための基本です。子どもがプレッシャーを感じて食事が嫌な時間にならないように、楽しい雰囲気づくりを心がけましょう。最大のポイントは親の笑顔です。親がイライラしているときは、トレーニングを中止してください。

配膳を手伝わせながら、食卓に関連する言葉を教える

例を参考にしながら、ぜひお手伝いの習慣をつけていきましょう。

「ごはん食べるよ～。お手伝いして」と声をかけ、子どもを台所に誘導します。次にフォークを指さし、子どもが注目していることを確認してから「これは？　フォーク、フォーク」「はい、フォークどうぞ」と言い、子どもにフォークを渡します（指さしへの反応が悪い子どもの場合は、親がフォークを手に取り、見せながら声をかける）。

次に「運んで」と言い、子どもの背後から背中を軽く押してテーブルに移動。背後からテーブルをそっとたたき、手をそえてプロンプトしながら、「テーブル、置いて」「テーブル」と言い、フォークを置かせます。

子どもがテーブルにフォークを置いたら「ありがとう」「次は、ごはん運ぶよ」と言い、いっしょに台所に移動。先ほどと同様にプロンプトしながら、茶碗によそったごはんを運ばせ、テーブルに置かせます。

食卓の準備をすべて整えて着席したら、「ごはん食べるときのあいさつは？」と尋ねます。少し間をおき、手を合わせながら「いただきます」とプロンプトし、子どもに動作をまねさせます。言葉が出ている子どもには、手を合わせながら「いただきます」と言わせましょう。

こんなふうに、親が会話と動作をプロンプトしながらうまく誘導していけば、子どもはお手伝いすると喜んでもらえるということを経験できて、大きな自信につながります。

実践ポイント
日常生活での言葉かけ

食事のときの言葉かけ❷

マンド（要求言語）は、要求や拒否の意思を伝える重要な言葉。これを引き出すトレーニングは、食事時に楽しく行うのが効果的です。

「ちょうだい」を引き出す言葉かけのコツ

「ちょうだい」「取って」「いや」などの要求言語をマンドと言いますが、これらの言葉を教えることで、子どもは言葉を発すると要求が相手に伝わることを知り、自発言語が増えていきます。食べる欲求はもっともマンドを引き出しやすいため、食事の時間はマンドトレーニングに最適です。

トレーニングを始める前に、おかずを一口サイズにカットし、品目ごとに小皿に盛っておきましょう。こうすると繰り返し練習することができます。

❶「ちょうだい」の練習の言葉かけ

空腹がある程度満たされたところで、おかずが載った小皿を、ときどき子どもからゆっくり遠ざけます（必ず笑顔で行うこと）。子どもがソーセージの皿を取ろうとしたとき……。

「欲しいときは?」「ちょうだい」（ちょうだいのジェスチャーをしながら声をかける）「ちょうだい」

言葉は出ていないけれど、普段から「あ〜」などの音声が出ている場合は、「ちょうだい」「あ〜」のあとに、「あ〜」と言い、「あ〜」とまねさせます。子どもがまねして声を出すことができたら、「ちょうだい言えた

「うん」「いや」は首振りのジェスチャーつきで教える

ソーセージ、欲しい？
うん
欲しいときは、「うん」って言うよ
うん

ね」「はい、どうぞ」で皿を渡します。

❷「うん」の練習の言葉かけ

最初に①と同様におかずの皿を笑顔で遠ざけます。子どもがソーセージの皿を取ろうとしたとき……。

「ソーセージ、欲しい？」「うん」（子どもが言うべき言葉を代弁）。親はこのとき「うん」と言いながら首を縦にオーバーに振ります（子どもによっては、「うーん」と言いながら、おじぎをするようにゆっくり首を曲げるほうがまねしやすい）。

「欲しいときは『うん』って言うよ」「うん」（首を振りながら言い、子どもが首を振るのを待つ。このとき、子どもの背後にプロンプトする人がいて、親の質問の直後に、子どもが首を縦に振る手助けをすると楽）

❸「いや」の練習の言葉かけ

あらかじめおかずの中に子どもの嫌いなもの（たとえばトマト）を載せた小皿を用意しておきます。

「はい、トマト、どうぞ」と笑顔で楽しげに声をかけながら、子どもの口元まで皿をもっていきます。子どもが顔をそむけた瞬間に、首を横に振りながら「いや」「いらないときは『いや』って言うよ」。

「いや」（子どもに首振りのジェスチャーを見せて、まねするのを促しながら。または親の「いや」に合わせ、別の人が子どもの背後からプロンプトして首を横に振らせる）

「そうか、トマト、いやなんだ～」（または「トマト、嫌いなんだ～」）と、トマトの小皿を引っ込めます。

実践ポイント
日常生活での言葉かけ

食事のときの言葉かけ③

食べものへの欲求を利用した言葉かけで、物の名前を教えましょう。マンドトレーニングと並行して行えば、会話の幅が広がります。

1 2 4～1 2 5ページで紹介したマンドトレーニングと併せて、物の名前を教える言葉かけをしていきましょう。ここでは、食事の時間に行う言葉かけの例を紹介します。食べ物への欲求を利用すると、子どものモチベーションを高めることができるので、比較的スムーズに言葉を教えられます。

物の名前が言えるようになると、「○○ちょうだい」「○○いや」など、具体的な要求を伝えることができ、コミュニケーションの幅が広がります。また、まだマンドが出ていない子どもも、ジェスチャーとともに物の名前が言えれば、最低限の要求は伝わります。

❶好きなおかずをわざと遠ざける

おかずが載った小皿を、ときどき子どもからゆっくり遠ざけます（必ず笑顔で行うこと）。子どもが遠ざけたソーセージの小皿を取ろうとしたときが、物の名前を教える言葉かけのチャンス。（指さしながら）「これは？　ソーセージ」「ソーセージ」と繰り返します。

子どもは食べたい欲求があるので、ソーセージにしっかり注目しているはずです。そのタイミングを逃さず、「ソーセージ、どうぞ」。

物の名前が言えれば具体的な要求ができる

子どもに選ばせて、自分で考える力をつける練習に

ソーセージ？
ヨーグルト？
どっちがいい？
ソーセージ？
ヨーグルト？
どっちにする？
ソーセージ、食べたい！

子どもがソーセージを口に入れたら、「おいしい」（子どもの言葉を代弁）「ソーセージ、おいしいねえ」（共感の気持ちを伝える）。

❷「どっちがいい？」で選ばせる

（ソーセージとヨーグルトの皿をそれぞれ手に持ち）「ソーセージ？ヨーグルト？　どっちがいい？」

「ソーセージ？」（ソーセージの皿を持ち上げ、ヨーグルトを遠ざける）「ヨーグルト？」（ヨーグルトの皿を持ち上げ、ソーセージを遠ざける）「どっちにする？」

子どもがソーセージに手を伸ばしたら、「ソーセージ、食べたい！」（子どもの言葉を代弁）「いいよ。ソーセージ、どうぞ」。

選択することは、自分で考える力をつける基礎的な練習になります。でも、なかなか選べない子どももいます。その場合は、ちょっと好きなヨーグルトと、大好きなソーセージの２つから選ばせるというように、選択肢の出し方を工夫してみてください。

ここに注意

食事時のトレーニングで避けたいこと

マンドや物の名前を教えるトレーニングは、子どもの食欲がある程度満たされてから始めましょう。空腹時には食べることへの欲求が強すぎて、トレーニングをまったく受けつけなくなります。

子どもが嫌がっているのに、しつこく繰り返すのもダメ。無理をしすぎると、食事そのものが嫌いになる場合があります。

実践ポイント
日常生活での言葉かけ

食事のときの言葉かけ④

わざととぼけて、子どものマンドを引き出すのも一つの手。言葉かけを楽しみながら、あの手この手で会話の幅を広げましょう。

子どものマンドを引き出す、あの手この手

ある程度言葉が出ている子どもには、次のようなマンドトレーニングがおすすめです。

食卓の用意をするとき、子どものスプーンだけわざとテーブルに並べずにおきます。

「いただきまーす」（食べ始めたら子どもの様子をよく見て、マンドが出るのを待つ）

「……………」「どうしたの？」（困った様子で何も言わなければ、必ず笑顔で声をかける）「スプーン欲しいとき、なんて言うのかな？」（少し間を置き、考えさせる）「ス……」（子どもから答えが返ってこないときは、頭の一文字をプロンプト）「スプーンちょうだい」

自分のスプーンがないことで子どもがかんしゃくを起こしたときは、「ごめんね〜。ママ、スプーン忘れちゃった〜」と笑顔で明るく謝りましょう。かんしゃくがおさまったら、「スプーン欲しいときは、スプーンちょうだいって言うよ」「スプーンちょうだい」とプロンプトし、「スプーンちょうだい」と言わせてからスプ

会話のキャッチボールを意識した言葉かけを

ワンポイントアドバイス

オウム返しの激しい子にはこんな対策を

「スプーン欲しいとき、何て言うのかな？」と言葉をかけたとき、オウム返しに答える癖がついている子どもは、「スプーン欲しいとき、何て言うのかな？」と親の言葉をそっくりまねしてしまいます。

普通は問いかけのあとに少し間を置いて考えさせますが、オウム返しの激しい子に対しては、「スプーン欲しいとき、何て言うのかな？」の問いかけのあと、間髪を入れず「スプーンちょうだい」とメリハリのある大きな声で正解を言いましょう。親が問いかけた言葉を子どもにまねさせる隙を与えず、本来言うべき「スプーンちょうだい」のみを繰り返させるようにするのがポイントです。

あるいは、会話文を吹き出しに書いて、視覚でわかりやすく伝える方法もあります。iPadやパソコンには、取り込んだ写真に吹き出しで会話をつけることができる機能（ソフト）があり、それを利用してオリジナルの会話集を作成するのもおすすめです。

ーンを渡しましょう。

会話が上達してきた子どもには、以下の例のような、キャッチボールを意識した言葉かけをおすすめします。

（カレーライスを食べながら）「グラタン、おいしいね〜」「ちがうよ、カレーライスだよ」「あっ、そうだったね」「これはな〜んだ？」（スプーンですくったヨーグルトを見せる）「ヨーグルト」「すごい！　当たり〜」

「じゃあ、カレーライスには、何が入っているかな？」「お肉、じゃがいも、たまねぎ」（お手伝いをしていると、記憶も鮮明になる）「大正解！」

もちろん、このような質問形式ばかりでなく、幼稚園で遊んだこと、学校で食べた給食の話、親子で出かけたときの話など、いろいろな会話を楽しむことが最終目標です。食卓はコミュニケーションに最適なリラックスできる場所。一日に1回、数十分はテレビを消して、食事中の会話を楽しんでください。

実践ポイント
日常生活での言葉かけ

遊びを利用した言葉かけ❶

子どもが大好きな宝探し遊び。ワクワク感を楽しみながら共同注視力を高めるだけでなく、位置や場所に関する言葉も身につきます。

位置や場所を意識させる言葉かけの工夫

65ページで紹介したように、宝探し遊びには共同注視力を高める効果がありますが、それだけでなく、子どもに位置や場所に関する言葉を教えるための教材としても最適です。

まず、人形、箱、クッションなど目印となるものを室内の数ヵ所に置き、お菓子やおもちゃなどの宝物を、その付近に隠します。たとえば「人形の横・前・後ろ」「クッションの上・下」など、位置を示す言葉かけをするためです。

準備ができたら以下の例を参考にして言葉をかけながら、子どもといっしょに宝探しを始めましょう。

「宝探し、しよう！」（宝物を隠した部屋にいっしょに探しに行く）

「お菓子、どこかな？」「ママ、知ってるよ」

「きいて！」（自分を指さし、ママに質問してと、ジェスチャーで促す）

「どこにあるの？」（子どもが言うべき言葉をプロンプト）「クッションの下」「どこにあるの？」（子どもがクッションの下からお菓子を見つける）

「あった！」「どこにあっ

お菓子どこかな？ ママ、知ってるよ
きいて！
どこにあるの？
どこにあるの？
クッションの下
あった！どこにあった？
クッションの……？
下
クッキー

子どもといっしょに宝物を隠しながらの言葉かけ

お菓子、どこに隠そうか?
ここに隠そう
どこに隠した?
クッションの下
クッションの……?
下
そうだね。もう一回教えて。どこに隠した?
クッションの下

た?」「クッションの……?」

「下」「そうだね! クッションの、下にあったね」

「まだ、お菓子あるよ」（ジェスチャーで、ママに質問するよう促す）

「どこにあるの?」「洗面所にあるよ」

「洗面所、どこかな?」「洗面所、どこかな?」（言葉をかけながら洗面所に移動、お菓子を見つけて指さしながら……）

「あっ、お菓子……」「あったー!」（子どもがお菓子を取る）

「お菓子、どこにあった?」「洗濯機の……?」「上」

また、子どもといっしょに宝物を隠し、ほかの兄弟姉妹に見つけてもらう遊びもできます。その場合は隠し終わったところで次のような言葉かけをしましょう。

「どこに隠した?」（少し間を置き考えさせる）「クッションの下」（子どもが言うべき言葉をプロンプト）

「クッションの……?」「下」

「そうだね、もう一回教えて。どこに隠した?」「クッションの下」

子どもに位置を意識させる言葉かけは、こんな機会にも実行できます。

たとえば、子どもを自転車や公園の遊具に乗せるとき、「前に乗りたい?」「後ろに乗りたい?」「前、後ろ、どっちがいい?」などの問いかけをしてみましょう。おやつの時間には、お菓子を入れた箱を2つ積み重ねておき、「上の箱にする?」「下の箱にする?」「上、下、どっちの箱がいい?」などと聞くこともできますね。

実践ポイント

日常生活での言葉かけ

遊びを利用した言葉かけ ②

子どものマンドを引き出す宝探し遊びと、形容詞を理解させる遊びをご紹介。形容詞は声の演出でさらに効果がアップします。

位置を表す言葉で要求を伝えさせる

位置を表す言葉が理解できたら、それを使って自分の要求を伝えられるように働きかけをしてみましょう。

宝探しと同じように、まず子どものお気に入りのおもちゃや食べもの（ここでは大好物のバナナ）を、棚の上など手の届かないところに置きます。

「あれっ？」と言って指さし、「バナナあった！」で子どもに注目させます。次に上を示すジェスチャーでプロンプトし、「上」と言わせます。そのあと子どもを途中まで抱き上げて静止（まだバナナに手は届かない）。「（もっと）上」と言わせ、さらに抱き上げ、子どもがバナナを取ったら、「次は、どこに行く？」と問い、「下」と言わせ、「下、降ります」で子どもを降ろします。

ワンポイントアドバイス

くすぐり遊びで体のパーツを覚えさせる

58ページで紹介したくすぐり遊びは、親子でふれあいながら体のパーツの名称や位置を意識させることができます。「○○どこかな～」に加え、「鼻の下には何がある？」「顔の横には何がある？」などの問いかけもおすすめです。

比べる遊びを通して形容詞を理解させる

もう一つ、程度を比べたり、程度が変化する過程を体験させる遊びを通して、形容詞を理解させる働きかけをしてみましょう。程度の差を見せることで、「大きい」「小さい」といった抽象的な概念もスムーズに理解させることができます。

形容詞は反対の意味の言葉をセットで教えよう

❶「大きい」「小さい」を教える

●音で遊ぶ　ステレオやラジオのボリュームを少しずつ大きくしながら、「大きくなってきた。大きい、大きい」（言葉かけの声もしだいに大きくする）「音が、大きい！」「音が……」「大きい」。

次はボリュームをだんだん小さくしながら、「小さくなってきた。小さい、小さい」（声もしだいに小さく）「音が……」「小さい」。

●絵で遊ぶ　スケッチブックに、大きさの違うリンゴの絵を1ページに1個ずつ、ページをめくると少しずつ小さくなるように描いておきます。

まず一番大きい絵を見せ、「小さく、小さく、小さくな〜れ」と言い、順番に絵を見せながら、それに合わせて声も小さくしていきます。最後の絵で、「小さくなった」「小さい」「どうなった？」「小さい」。

次は反対にだんだん大きい絵にしていきます。

●「どっちがいい？」　大きさの異なるお菓子を両手に持ちながら「大きい、小さい、どっちがいい？」「大きい」。

次は子どもの苦手なもの（たとえばニンジンなど）を入れた大きさの異なる2つの皿を用意し、同様に選ばせます。この場合は「小さい」となるはずです。

❷「長い」「短い」を教える

●チェーンで遊ぶ　ガラスなどの透明な容器に、チェーンリングのパーツを繋《つな》げた、長さの異なるチェーンを2種類入れておきます。長いチェーンを引き出すときは「なが〜い」と声も長く伸ばします。短いチェーンのときは「短いっ！」と、語尾をスパッと切るように声をかけます。

●紙を切る　30センチくらいの長さに細長く切った紙を2枚用意します。「短くしよう」で、一枚をハサミで少しずつ切っていきます。切る前に「なが〜い」、切ったあとには「短くなった」「もっと短くしよう」で、どんどん切ります。ときどきもう一枚と比べて「こっちは長いね」と声をかけます。

●線路を繋ぐ　プラレールなど線路のおもちゃを繋ぐとき、「長くしよう！」と声をかけ、「どう？」と指をさしながら問い、「長くなった〜」「長くなった〜」と、レールを一つ繋ぐたびに確認していきます。

息子の会話が強固なオウム返しに

ＡＢＡを知る以前、なかなか言葉が出てこない息子に、とにかくいろいろな言葉をインプットさせようと必死になっていました。

たとえば葉っぱを指さして「葉っぱ、葉っぱ」と声をかけながらタッチさせるというやり方で、手当たり次第に言葉を教え、リピートさせていました。

ところがこの言葉かけが、息子に強固なオウム返しを定着させてしまったのです。息子は、言われた言葉はすべてリピートするのが正しいと思ってしまったようです。

「眠いの？」「眠いの？」「眠くないの？」「眠くないの？」「どっちなの？」「どっちなの？」……こんな具合で、この子は一生会話ができないかもしれないと覚悟したこともありました。

この反省から、言葉がまだ出ていない段階であっても、疑問文に慣れさせることは大切だと痛感しました。

会話は「問い」⇅「答え」で構成されています。「これは何？」「どうしたの？」「○○はどこかな？」「どうしたらいいかな？」「何が欲しいの？」「次は何をするの？」など、早い時期からできるだけ疑問文で話しかけてください。そして強固なオウム返しを予防するためにも、問いかけに対してどう答えるのか、親がつぶやきプロンプトで教える前に、一瞬でも考えさせるようにしましょう。

なお、オウム返しの癖がついた子どもへの対処法は129ページに記しました。

オウム返しは、定型発達の子どもも一度は通る道ですが、会話ができるようになると自然になくなります。一方、自閉症の子どもの場合はオウム返しを脱するのに長い時間がかかり、対応を誤るとオウム返しの癖が抜けにくくなるので、特に注意が必要です。

第8章

ＡＢＡを利用した働きかけを続けるための7つの鍵

実践ポイント

ABA
継続の鍵

❶長期的な目標を持とう ❷自己肯定感を育てる

ABAを継続する上でまず大切なのは、長期的な目標を持つこと、子どもの自己肯定感を育てること。そのためにはどうすればいいのでしょう。

子どもの将来の姿を、具体的にノートに書き出そう

5年後
小学生になり、お友達と仲よく遊べる
1年後
元気に幼稚園に通っている
成人後
自分にできる仕事を見つけて元気に働いている

❶長期的な目標を持とう

ABAを利用した働きかけを続けていても、なかなか効果が表れないこともあります。「このまま続けていてもいいのだろうか」「この子は将来どうなるんだろうか」と不安になる人もいらっしゃることでしょう。

そんなときは、子どもにどんなふうに成長してほしいかをノートに書き出してみてください。1年後、5年後はもちろん、長期的な視野に立って、成人している姿などを、できるだけ具体的にイメージしてみましょう。

そこに書かれた子どもの姿が、将来の目標になります。それを頭に描き、あくまでもポジティブな気持ちで子どもに働きかけることが大切です。

❷子どもの自己肯定感を育てる

絵や歌がうまい、文字がきれいに書ける、折り紙が上手など、子どもが得

「ありがとう」は子どもの自己肯定感を育てる魔法の言葉

意なことや好きなことを見つけ、その力を伸ばしていくよう心がけてください。何か一つでも自分に自信が持てることがあると、自己肯定感が高まり、困難に突き当たっても物事を前向きにとらえられるようになります。

子どもの自己肯定感を育てるために、もう一つ効果的なのが、お手伝いをさせることです。

たとえば「この紙、捨ててください」とていねいに頼み、子どもが紙を捨ててきたら、「ありがとう、ママ、うれしいな」と笑顔で言葉をかけましょう。「ありがとう」は子どもの自己肯定感を育てる魔法の言葉。その一言で、子どもは「自分は役に立っているんだ」と感じることができるのです。

お手伝いは人と関わる第一歩でもあります。社会性を育て、将来の自立や就労に備えて、働く姿勢を身につけることにもつながります。

私が療育のサポートをしている家庭で、お母さんが無理だと思っていた配膳のお手伝いを、プロンプトして子どもにやらせてみたところ、すぐに一人でも運べるようになりました。お母さんは予想外の結果にびっくり。子どもは「ありがとう」と言われてとてもうれしそうでした。「この子には無理」という思い込みをなくし、とにかくチャレンジしてみることが大切です。

上に、子どもに頼みたいお手伝いの例をリストアップしてみました。お手伝いを成功させるポイントは、スモールステップでできることから少しずつやらせること。たとえば洗濯物を干す場合、最初は小さいカゴに靴下1～2足を入れて渡し、それを干すことから始めてみましょう。

子どもに頼むときは「お手伝いしてくれるとうれしいなー」「お願いしまーす」と、笑顔でていねいに声をかけましょう。何がなんでもやらせなくてはと、叱りながら手伝わせるのはやめてください。

子どもにさせたいお手伝いの例

- 洗濯物を干すとき、親に１枚ずつ手渡す
- 洗濯物を干す（まずは靴下１足から始めましょう）
- 乾いた洗濯物を洗濯バサミから外す
- 乾いた洗濯物を分類する（パンツと靴下を分ける、パパのパンツとママのパンツを分けるなど）
- ハンカチをたたむ
- 食事の前に、食器を人数分用意する（扱いやすい箸やスプーンから始め、慣れたら湯のみやお皿も）
- 食器を食卓に運ぶ
- 植物に水をやる（親といっしょに、子どもは小さなじょうろで）
- 買い物のとき、品物をかごに入れる
- 新聞受けから新聞を取ってくる（慣れたら毎日の習慣に）

実践ポイント
ABA
継続の鍵

❸経験は宝！ 百聞は一見にしかず

言葉の学習には、さまざまな経験が不可欠です。慣れてきたら、お店で店員とのやりとりにもチャレンジしてみましょう。

❸経験は宝！ 百聞は一見にしかず

言葉を覚える練習の手始めには、子どもの興味をひきやすい絵カードを使う方法が効果的ですが、それだけにとどまらず、身の回りにあるものや経験を通して言葉を教えることも必要です。そうすれば日常生活に応用できるようになります。

「鉛筆」の絵カードを見せたら、実際に鉛筆で文字や絵を描かせてください。「料理をする」という動詞を絵カードで教えるなら、119ページの要領で卵焼きをつくるのもよいでしょう。できるだけ絵カードの言葉に関連した経験をさせるのがポイントです。

このように体を使った経験をすることで、子どもの五感や脳が刺激されて印象に残りやすく、言葉が入っていきやすくなります。

五感を刺激するには、室内での遊びだけでなく、外での遊びや散歩を経験させることも大切です。その際、「お花、きれいだね」「夕日、きれいだね」など、親が感動したことを言葉にして伝えてください。子どもの顔をのぞき込み、同じものを見て気持ちを共有する習慣をつけましょう。

親が感動したことを言葉にして伝えよう

店から外に出たとき
あつ～い
外は暑い
外は？
暑い
そう、もう一回。外は？
暑い

家族以外の人と関わる経験も大切に

たとえば、夏にクーラーのきいた場所から外に出たときは、右ページの漫画のような言葉かけをしてみてください。

「暑い」「寒い」といった感覚的な言葉は記憶に残りやすいので、ほかの言葉も関連づけて教えるといいでしょう。以下のように、季節を表す言葉もいっしょに教えてください。

「夏は暑いね」「夏は？」「暑い」「そう！」「いまの季節は？」「夏」（答えをプロンプト）「いまの季節は？」「夏」

ある程度言葉が出るようになってきたら、ファーストフード店の店員を相手に、左の漫画のようなやりとりをさせるのもおすすめです。店員に伝える言葉を子どもの耳元でプロンプトし、子どもに言わせます。

うまくいったら「ちゃんと注文できたね。すごいね！」とほめましょう。事前に家でお店屋さんごっこをし、店員との会話を練習しておくと、子どもも余裕をもって取り組めます。

ワンポイントアドバイス

負けることも大切な経験

ゲームなどで負けそうになると泣き出し、途中で放棄する子どもがいます。でも、人は負ける経験を重ねることで、感情をコントロールすることを覚えていくのです。逃げずに最後までやり通すことも教えましょう。また、ゲームの前後には「負けそうになっても最後まで頑張ろう」「負けて悔しいけど、次、頑張ろうね」などフォローの言葉かけをしてください。

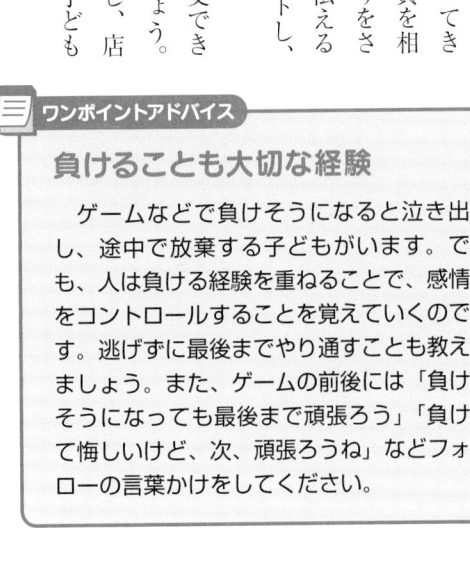

実践ポイント

ABA
継続の鍵

❹エージェントの活用
❺療育は夫婦で協力

働きかけがうまくいかなかったときや、夫婦で療育に対する意見が食い違ったときは、どんなふうに対処すればいいのでしょう。

エージェントは、頼れる療育のサポーター

❹エージェントを上手に活用しよう

私はABAの手法を用いた働きかけで課題がうまく達成できずに挫折しかかったとき、エージェント（療育機関）のお世話になったことがあります。

そのとき、エージェントのセラピーを見学させてもらい、うまくいかなかったのは息子のせいではなく、私のやり方が悪かったせいだと気づくことができました。

このように、行き詰まったり疑問を感じたとき、あるいは始めたばかりでなかなかうまくいかないときは、ABAエージェントの力を借り、療育のやり方を見て学ぶのがおすすめです。

エージェントは親に代わって客観的に課題を分析し、集中的に子どもへのセラピーを代行してくれる点が魅力ですが、それなりに費用がかかるのも事実です。療育を開始する前には、セラピーの内容や期間、費用について、きちんと確認してください。

セラピーが始まったら、その内容を自分自身の目で確かめることも大切です。親と分離して行われる場合はあとで録画したものを見せてもらえるよう交渉してみましょう。プロンプトするタイミング、ほめ言葉のかけ方など、子どもとの接し方の参考になります。

また、セラピーの内容に疑問を感じることがあれば、エージェントに伝えることも大切です。

エージェントに療育を依頼したからといって、任せきりにはせず、家庭でしっかりフォローすることを忘れないでください。エージェントを上手に活用すれば、あなたの心強いサポーターになってくれることでしょう。

上手なエージェント活用のポイント

- ☑ 療育がうまくいかないときは、エージェントのやり方を見て学ぶ
- ☑ 料金や期間、セラピーの内容については、事前に必ず確認する
- ☑ セラピーが始まったら、その内容を自分の目で確かめる（親と分離して行われる場合は、事後に録画映像を見せてもらえるよう交渉しよう）
- ☑ より質の高いセラピーの提供を求めて、セラピーの内容に疑問を感じることがあれば、エージェントにしっかり伝える
- ☑ 療育はエージェント任せにせず、家庭でもしっかりフォローする

行き詰まったら一人で抱え込まず、夫婦で話し合いを

❺療育は夫婦で協力して行おう

私の夫は、ABAの考え方は理解していても「オレはオレ流でいく」というタイプです。夫は息子に障害があるとわかったときから、将来のためにしっかり教育しなくてはという気持ちで、厳しく接するようになりました。そんな父親に対して息子は、「また叱られるんじゃないか」とビクビクすることが多くなっていきました。

私は夫のそんな接し方が気になり、そのつど「もっとほめて」と意見していましたが「オレのやることに文句ばかりだ」と反発されてしまいました。そこで、私が夫の分まで頻繁に、オーバーにほめるという方針に切り換えました。すると、夫もだんだん息子をほめるようになったのです。

子どもの療育方針について夫婦で意見が食い違うときは、お互いに歩み寄る努力が必要です。また、相手に言いたいことがあるときは、子どもがいないところで伝えましょう。自分の言い分を押しつけるのではなく、「○○してみたいのだけど……」「○○するにはどうすればいいかな」などと、提案や相談の形で切り出すと反発が少なく、冷静に話し合うことができます。

自分のやり方に行き詰まったときは一人で抱え込まず、辛い心情を率直に相手に伝えましょう。思いがけない解決策が見つかることもあります。話を聞いてもらったときは、パートナーへの感謝の気持ちを忘れずに。照れくさくて言えないときは、メールで伝えるのがおすすめです。

実践ポイント
ABA
継続の鍵

❻きょうだいへの配慮 ❼がんばりノートを活用

障害を抱える子どもの療育に夢中で、ほかのきょうだいに寂しい思いをさせていませんか？ 親の愛情を示すフォローが不可欠です。

ほかの兄弟、姉妹にも、愛情を示す言葉かけを

❻きょうだいへの配慮を忘れずに

ある本で、二人の子をもつ母親が、自閉症の弟の療育に夢中になっているとき、「僕も自閉症だったらよかったのに……」と、健常児の兄に告白され、愕然としたというコメントを読み、きょうだいへの配慮の大切さを思い知らされました。

障害児のきょうだいがいる子どもは、事情を理解して何事も我慢してしまうか、逆に困った行動に出て、寂しい気持ちを親にぶつけてしまうことがあります。

困った行動に出たときは、抱きしめて頭をなでながら、「○○ちゃんは本当はいい子だよね。ママは知ってるよ」「○○ちゃんに寂しい思いをさせてごめんね。ママは○○ちゃんが大好きだよ」と、朝、幼稚園や学校から帰ったとき、寝る前など、毎日定期的に言葉をかけると気持ちが落ち着いてきます。

我慢できる子に対しては「うちはいい子で助かるわ」と、フォローを怠ってしまいがちですが、幼いころ甘えられなかった反動が、思春期になって親への反抗という形で現れる場合もあります。日頃我慢させているきょうだいと、短時間でもいいから親子二人だけで過ごす時間を作ってください。「○

ミカちゃんは
本当はいい子だよね。
ママ、知ってるよ

寂しさから起こした困った行動には、叱らず、抱きしめて言葉かけを

> **ワンポイントアドバイス**
>
> **きょうだいとの関わりで、我慢する気持ちを育てる**
>
> たとえば姉が使っているおもちゃを、障害をもつ妹が横取りしようとしたとき、注意してかんしゃくを起こされるのを心配して、姉のほうに「譲ってあげて」と頼むという対応をしがちです。でも、横取り行為を許すのは、悪い行動を強化することになります。
>
> 社会に受け入れられ、周囲から愛される存在になるためにも、小さいうちから、常に自分の思い通りになることばかりではないことを教え、我慢する気持ちを育てていきましょう。「これはお姉ちゃんが使ってるんだよ、終わるまで待ってね」「『貸して』、言おうね」など、相手に譲ったり、お願いしたりすることを教える言葉かけをしてください。

がんばりノートで第三者のほめ言葉を引き出す

がんばりノートへの記入例

10月5日　苦手なピーマンを食べられました。がんばりました。

10月20日　制服のシャツの一番上のボタンを、初めて一人でとめられました。

11月1日　自分から「パパのごはんどのくらい？」と尋ね、家族全員の茶碗にごはんをよそってくれました。その前に、パパに尋ねるための声かけと、ごはんを茶碗によそうことを何度も練習しました。

11月6日　弟が立ったり歩いたりしてなかなかごはんを食べないとき、自分から弟に「あーん」と言って、ごはんを食べさせてくれました。何度も練習してできるようになりました。

11月8日　新しい靴を買いに行きました。1年前に靴を買ったときは、パニックになって大泣きしましたが、今回は泣くこともなく普通に買い物ができました。成長しました。

11月20日　昨夜、ママが横にいなくても一人で寝ることができました。今朝「一人で寝られたってノートに書いて」とリクエストがあったので、書きました。

○ちゃんには内緒だよ、二人だけの秘密」と、外でいっしょにパフェなどを食べるのもいいですね。その子が「自分も大切な存在なんだ」と思えるような配慮を心がけましょう。

一方、発達障害を抱える子どもはきょうだいに関わりを持たれることを好まない場合が多いのですが、できるだけきょうだいといっしょに遊べるよう、働きかけを続けましょう。数ヵ月たってようやく効果が表れることもあります。

❼がんばりノートを活用

ほめて育てることの大切さは繰り返し述べてきましたが、子どもが家族以外の人からもほめてもらえるきっかけづくりのために、私の息子が幼稚園に行っていたころ実践していた、がんばりノートの活用をおすすめします。

通園バッグのポケットに入るような小さいノートを用意し、そこに子どもががんばったことやお手伝いしてくれたことを、上の例のように書き込んでいくのです。

このノートは毎朝夫に見せ、実家に行ったときには両親にも見せて、「○○できるようになったんだって。すごいなあ」とほめてもらっていました。幼稚園の担任の先生にも「読んでほめてくださるだけでいいです」とお願いしました。

がんばりノートを活用するメリットは、いつもいっしょにいる親ではなく第三者にほめてもらえること。それによって子どもの自己肯定感はいっそう高まります。同時に親自身のがんばりも賞賛されているような気になり、ママやパパの自己肯定感もアップするという一石二鳥の効果があります。

第9章

子どもの療育にのぞむあなたに伝えたいこと

マイナス思考スパイラルから脱け出そう

　ここまでは、私が普段の生活のなかで息子の空を相手に実践してきた、ABAを活用した効果的な言葉かけの方法と子どもとの関わり方について、具体的にお話ししてきました。

　ここからは、私が息子の療育や、現在療育アドバイザーとして支援しているさまざまな親子との関わりのなかで試行錯誤してきた体験を踏まえながら、子どもの療育に悪戦苦闘している人、あるいはこれから療育を始めようとしている人への個人的なメッセージをまとめてみました。

親が抱くマイナスの感情は必ず子どもに伝わる

　自分の思い通りにならない長男の空の行動に対してイライラして、「空がいい子にしていたら、私は怒らなくてすむのに……」と、被害者意識を募らせていた時期がありました。

　でも、ずっとこんな気持ちでいたら、マイナス思考がさらなるマイナス思考を呼び込む「マイナス思考スパイラル」に陥ります。こうなると、そこから簡単には脱け出せなくなってしまうのです。

　さらに悲しいことに、親が子どもに対して否定的な感情を抱いていたら、それは確実に子どもに伝わります。

「人の行動は環境（周りの人の行動も含む）との相互作用によって形づくられる」というのがABAの基本的な考え方です。つまり、自分の行動が相手の不適切な行動を引き起こしている可能性がある、ということです。子どもがイライラしているときには、自分の態度がそのイライラの原因になっていないか、振り返ってみることも必要なのです。

　私はこの考え方に共感し、自分の視点を変えることで、マイナス思考スパイラルから脱け出すことができました。

子どもの行動を客観的に見る習慣を

　第2章で説明したABC分析では、

相手に変わって欲しいと思うときは、まず自分の行動を変えてみることをすすめています。そうして相手の行動の「前の状況」や、行動後の「結果」を変化させることで、相手の行動が変化する可能性が高まるのです。

そのためには、ABC分析で子どもの行動を客観的に見る習慣をつけることから始めましょう。子どもが不適切な行動を何度も繰り返したときなど、私も鬼の形相で怒鳴ってしまうことがありました。でも、いくら怒っても問題は解決しません。それよりも、どういう状況でその行動が引き起こされているかに注目し、対処法を考えることが重要です。

問題行動への具体的な対処法については第6章で述べましたが、すぐに効果が表れないこともあります。そんなときは、「障害の特性だから」と理解を示し、「いつかできるようになる」と長い目で見守りましょう。

とはいえ、客観的な視点で冷静に対処しようと思っていても、子どもに対して怒りを爆発させてしまうこともあります。そんなときはできるだけ早く、遅くともその日眠りにつく前には「イライラしてごめんね」と、潔《いさぎよ》く謝ることが大切です。お気に入りの絵本を読んであげたり、くすぐり遊び（58ページ）などでスキンシップをはかり、親子ともに一日を笑顔で終えることができるように努めてください。そうすれば気持ちよく次の日を迎えることができます。

将来を不安に思うより いまを大切に

同じ状況に対しても、視点を変えることでまったく違った受けとめ方ができる場合があります。短所に見える子どもの性格も、たとえば、頑固→意志が強い、落ち着きがない→好奇心が旺盛、怒りっぽい→感情が豊か、反抗的→自分の意志を持っている、と置き換えることができます。

それと同時に、「○○ができない」「○○するところがいや」などと子どもの悪いところにばかり目を向けるのではなく、「笑顔がかわいい」「元気でよく食べる」など、いい面に目を向けるようにしていくと、イライラする回数が減ってきます。

子どもの行動に対するイライラだけでなく、先行きに対する不安も、考え始めるとさらに別の不安を呼び込み、マイナス思考スパイラルに陥るもとになりがちです。将来起こるかどうかわからないことを、いま考えても無駄です。それよりも、いまできることに専念しましょう。

意識的に口角を上げ 笑顔をつくろう

どうしても否定的なことを考えてしまう場合は、「もう、おしまい！」と宣言してマイナス思考をシャットアウトするか、「将来の○○について不安に思ってしまった」と、客観的な視点で「思ってしまった事実」だけを受けとめてください。確かなのは、その不安は現実にはなっていないということです。

そして、いいことに目を向ける習慣をつけましょう。日々、ささいな出来事に喜び、感謝することで、マイナスに向かいがちな思考をプラスに転換することができます。

それでもマイナス思考に陥りがちなときは、口角をキュッと上げ、笑顔をつくってみてください。実際にやってみると、なんとなく気分が晴れやかになっていくのを感じます。

私は、朝、目覚めたときから意識的に口角を上げて笑顔をつくり、「ああ、今日も生きていた。息ができる、お布団がある、家がある、ごはんが食べられることもありがたい。感謝、感謝」

と心の中で唱えることから一日をスタートさせるようにしています。

小さなことへの感謝と自画自賛を習慣に

「謙譲の美徳」がもてはやされる日本では、自画自賛することに抵抗がある人も多いと思いますが、ときには自分で自分をほめることも大切です。

家事が苦手な私は、洗い物や洗濯物を干すといったことに取りかかろうと動いたとき、作業中、作業を終えたとき……と、そのつど「自分、よくやった！」とほめて強化しています。

主婦の仕事は誰からもほめられないことが多いので、せめて自分で自分をほめようと思って始めました。最近はがんばって掃除をしても気づいてくれない夫にも、「ほら見て、○○をきれいにしたんだよ」とアピールして、ほめてもらっています。人に認められることでうれしくなり、自己肯定感もさらにアップします。

発達障害を抱える子どもの親は、とかくマイナス思考スパイラルに陥りやすいので、小さなことに喜んだり感謝したりすることや、自画自賛することを習慣にしてください。ささいなことで自分をほめる習慣を身につければ、子どもをほめることも習慣になり、子どもの笑顔が増えます。このように、自分が行動を変えることで、周囲の人の行動も変化していくのです。

いつも100パーセントを求めるのではなく、昨日より少しでも行動を変えることができた、あるいは変えよう

と努力したなら、その過程についても「私、がんばったね」とほめましょう。

言葉はときに人を傷つけます。反対に、言葉で相手や自分を幸せな気持ちにすることもできます。どんな場面でも肯定的な言葉を使うことができるように、普段から心がけておきたいものです。

子どもを好きになれないと感じたときは……

私にも、「空のことを好きになれない」と感じていた時期がありました。

子どもの困った行動に振り回され、心から「大好き」だと思えず、そんな自分の気持ちに対して罪悪感を持ち、自分を責めてしまう。そうしてますますわが子を好きになれなくなってしまう……そんな悪循環に陥っている人もいるのではないでしょうか。これもマイナス思考スパイラルに陥ってしまう一つのパターンです。

子どもを好きになれないと感じたら、無理にでも抱きしめながら「大好き」と口に出してみてください。ただし、子どもがかんしゃくを起こして泣きわめいているときは、落ち着くのを待って抱きしめます。こうするとスキンシップと言葉の力で徐々に気持ちが「好き」のほうに傾いてくることもあります。

本来、自分の子どもはかわいいし、愛情をもっているからこそ子どもの行動が気になり、悩んでしまうのです。その時期を乗り越えて、また「大好き」と思える日が来るのだと思います。

行き詰まったときには、しばらく学習はお休みしてゆっくりしましょう。布団の上でのくすぐり遊びなど、体を使った遊びによって、子どもの笑顔を引き出す時間をつくってください。わが子の笑顔を見ると癒《いや》されますよね。子どものことを好きになれないと悩んでいるときでも、「そうだ、この笑顔が好きだったんだ！」と思えてくるのではないでしょうか。

子どもに笑顔はありますか？　その笑顔はあなたが与えたものですよ。

子どもがいじめを受けたとき、どんな対応をすればいい？

現在、学校でのいじめの問題はますます深刻化しています。息子の空も小学1年生のときいじめにあいました。夏休み前までやさしかった友達のCくんから、数週間にわたって耳元で「死ね」とささやかれていたのです。

だんだん元気がなくなり、「学校に行きたくない」とグズることが多くなった空の様子に、「何かあったのではないか」と心配していたある日のことです。夜、布団の中で私とおしゃべりしてリラックスしたからでしょうか、「Cくんはどうして、空に死ねっていうんだろう……」と、息子はいじめにあっていることを話してくれました。

私はひどく動揺しましたが、「ママが空を守るから大丈夫！　明日の朝、先生にお話ししに行くからね。つらかったね。よく話してくれたね。ありがとう」と、安心させるための言葉をかけました。

翌朝さっそく学校に相談に行くと、担任の先生が事実確認したあと、Cくんに注意してくれました。

そのころ受講していた子育て講座の講師に一連の経緯を報告したところ、「いい対応をしましたね。空くんは『何があってもママが守ってくれる』という安心感が持てたはずです」と、私の行動を評価してくれました。

子どもの変化を観察し必要なら親が手助けを

その後、言葉によるいじめはなくなったものの、軽くつねるなどの行為は続いていました。そのため私からCくんに、「次、いじめたらお母さんに言うからね」と警告したところ、いじめはピタッとやみました。

いじめられた子はどんな気持ちだったと思う？

このとき私は一方的に叱るだけでなく、「いじめられた空はどんな気持ちだったと思う？　とても悲しかったと思うよ」とCくんに問いかけました。こんなふうに、いじめた相手の気持ち

を考えさせるための言葉をかけるといじめっ子の心に響き、反発心を持たれることも少ないようです。

子どものケンカに親は口出しせず、子どもが自分で解決できる強さをもつことは理想です。しかし、「いや」という自分の意思を表したり、相手に言い返す（やり返す）力がついていない子どももいます。

友人の息子はいじめっ子から暴力を受け、体にあざが絶えませんでした。友人は「やり返しておいで」と励ましましたが、それができず、「やり返したらもういじめられず、仲良くなった」と嘘をついていたそうです。実際はいじめが継続していたのです。

このように、子どもの力で解決させようとすると、それが大きな負担になってしまう場合もあります。

いやなことはいやと意思表示できる子どもに

私の息子に話を戻すと、一度は解決したはずのCくんからのいじめが、2年の時を経てまた再開しました。空と弟の陸とCくんの3人で遊んでいたときのことです。それまで優しかったCくんが「陸ちゃんに『陸のバカ』と言って！」と、空に命令したのです。

空は断ることができず、Cくんの言うことをききました。そして、帰ってから私に「陸のバカって言っちゃった。ごめんなさい」と言い、Cくんが道路に「空、死ね」と書いたことも教えてくれました。私は、「ママが明日、Cくんに言うから大丈夫だよ」と、ひとまず息子を安心させました。

けれど、しばらくして冷静になってみると、「いつも親が解決してやって、この子のためになるだろうか？」という疑問が頭をもたげました。ときにはいやなことを自分から「いや」と言えるようにすることも必要です。「いまの空ならきっと意思表示できるはず」と考え直し、翌朝、私は息子と次のようなやりとりをしました。

「空はCくんに『陸を殺せ』と言われたら、言われた通りにするの？」

「いや！」

「そうだよね。でも、いつもママが守ってあげることはできないよ。自分でなんとかできるようになれたらいいね。昨日の話、ママは聞かなかったことにするから、今度Cくんからいやなこと言われたら、いやって言ってごらん、声が出なかったら、いやと首を振ってごらん」

「そんなのできないよ……もっといやなことされるよ」

「そのときは、ママがCくんをとっちめてあげるから、大丈夫！　チャレンジしてごらん。空ならきっとできるよ！」

空は小さくうなずきました。そこでモチベーションを上げるために、「空がCくんに『いや』って伝えられたら、旅行に連れて行くよ」と、前々からの願いをかなえることを約束しました。ごほうびの提示によってモチベーションをアップさせる方法です（92〜93ページ）。

さらに、私が何度かCくんの役になって、言葉と首振りの練習もしました。

いじめっ子に、自己肯定感を高める言葉をかけると……

それから2週間後、学校から帰った空は、Cくんと、もう一人の友達のDくんと3人で遊ぶ約束をしたと言い、笑顔で出かけて行きました。私は空が家を出る前に、いやなときはいやと言うことを確認して送り出しました。

遊び始めてしばらくすると、Dくんが空に「(民家になっている) ゴーヤを盗んで来て！」と命令し、それに対して空は、いやの首振りをすることができたそうです。その後は責められることもなく、「鬼ごっこをして楽しかった」と報告してくれました。

私は「いやって (首振り) できたの。すごいね、勇気あるね、さすがだね！　よしっ、旅行に連れて行くぞ！」と、空を抱きしめてほめちぎりました。

こうして明らかないじめはなくなりホッとしたものの、まだCくんは相手がいやがることをたびたび口にしていました。私は再び悩みました。Cくんにお説教すべきなのか (もちろん、目の前で聞いたらその場で注意しますが)、その事実をお母さんにも伝えるべきなのか……。いろいろな人の意見を聞いた中で、子育て講座の講師に、「子どもに囲いを作って一生守るつもりですか？」と言われたことで、腹がすわりました。

「いまの空なら大丈夫。イザというときはママが助けるから！」と自分に言い聞かせ、しばらく様子をみることにしたのです。

視点を変えてみると、Cくんは息子を鍛えて強くさせてくれる、息子にとってはかけがえのない存在です。そう思えるようになったとき私は、毎朝息子といっしょに登校するCくんに「空が困っているときには助けてやってくれる？　よろしくね」と声をかけました。Cくんも自分が認められたと思えたことで自己肯定感が高まったからか、空に対する言葉づかいがよくなり、以前にも増して仲良く遊ぶようになりました。

いじめを受けるのは恥ずかしいことじゃない

現在、深刻ないじめによる子どもの自殺があとを絶ちません。「死ね」「○○しなかったら殺すぞ」という脅しの言葉が平気で使われる時代です。いじめられていることが恥ずかしく、心配をかけるのがいやで、親に言えない子どももいますが、誰にでもいじめを受ける可能性はあり、決して恥ずかしいことではありません。

また、仮にいじめを受けている子どもにいじめられやすい要素があったとしても、「あの子ならいじめられて当然」といじめ行為を肯定することはできません。

いじめは、一人の人間の未来を奪う可能性がある行為で、犯罪に近いものです。命を脅《おびや》かすような言葉は絶対に使ってはいけないことを、家庭や学校で繰り返し話題に取り上げ、子どもたち自身に考えさせることが大切です。

子どもがいじめを受け、親が介入す

る場合は、まず学校に相談して事実確認をしてもらいましょう。その後、さまざまな対処をしても改善が見られないときは、もう一度親が学校に出向き、クラスメイトの前で話をするのも一つの方法です。必死な親の姿を見せることが、改善の糸口になる場合もあります。

また状況によっては、しばらく子どもを学校に行かせないことも選択肢の一つだと考えてください。

いずれにしても、いじめによって尊い命が奪われることだけは、なんとしてでも阻止し、子どもに再び笑顔が見られるようにサポートすることが重要です。

その際、いじめっ子を一方的に叱るだけでは、根本的な解決にはなりません。

親や教師をはじめ周囲の大人たちが、いじめっ子を含めた子どもたちに対し、機会を見つけてほめ、存在を認める言葉かけをするなど、自己肯定感を高めることにつながる働きかけをしていきましょう。それを日々積み重ねることが、結果としていじめの減少につながっていくのだと思います。

子どもの可能性を信じ、プラスのイメージで関わり続けよう

いまの姿が子どものすべてではない

私は幼いころ、家では普通に話すことができるのに幼稚園ではおしゃべりをしないという状態が1年半ほど続いたことがあります。これは「場面かんもく（選択性かんもく症）」と呼ばれる現象で、学校や幼稚園にいるときなど特定の場所や状況におかれると不安になってしまい、まったく話すことができなくなるのです。

友達と関わることも恐くなり、教室内の掃除用具入れの中に隠れ、ドアの隙間からみんなの行動をじっと観察することもありました。その当時、母は先生から、「この子は将来心配です」と言われていたようです。

それを聞いて危機感を募らせた母は、もともと人前に出るのが苦手だったにもかかわらず、「私が変われば娘も変わることができるかもしれない」と一大決心し、幼稚園の保護者会の会長に立候補したのです。そのころの母の活動的だった姿は、いまも私の目に鮮やかに焼き付いています。

その姿を見たことがプラスに作用したのでしょう。精神的に安定してきた私は、小学生になると重い場面かんもくの状態から脱け出すことができました。そして、いまではあのときの母のように、大勢の人の前で講演をするまでになりました。

現在子どものことで悩んでいる人たちには、「いまの姿が子どものすべてではない」ということを、お守り代わりに心のどこかにとどめておいて欲しいのです。

コツコツと働きかけをしていけば、うれしい成長がきっとあります。もしも私の母が、あのとき先生から言われたことに意気消沈し、悲観した毎日を過ごしていたら、おそらくいまの私の姿はなかったでしょう。

親のオロオロした態度や、悲観、焦りといった感情を、子どもは敏感にキャッチするものです。いまの子どもの姿だけを見て将来を悲観せず、子どもの可能性を信じて楽しく働きかけていきましょう。子どもが大好きなのは、お父さんやお母さんの泣き顔、怒り顔

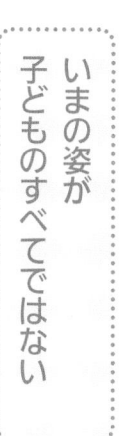

ではなく、笑顔や前向きに頑張る姿なのです。

声を発することができない息子にオロオロ

子どもは親のいやなところに似るとよく言われますが、空も幼稚園のときのある出来事がきっかけでだんだん声が出なくなり、小学校に上がる前には、家以外の場所ではまったく声を発することができなくなりました。私と同じ場面かんもくです。

当初、私は絶望感でいっぱいになり、焦ったりうろたえたりしてしまいました。でも落ち着いて現実を客観的に受けとめようと思い直し、「私が空を信じなくて誰が信じるの。母親がオロオロしてどうする！　とにかく息子の可能性を信じよう」——こんなふうに気持ちを切り替えました。

そして、たまたま私も講演をする機会を得たので、かつて母が私にしてくれたように、大勢の人の前で話をする姿を空に見せることにしました。空の記憶のなかに私の姿が残り、彼もいつか、人前で話をするまでに成長できるかもしれないと考えたからです。

明日、ママはたくさんの人の前でお話しするからね

講演会の前日には、空に次のような話をしました。1週間ほど前から、息子たちを前にしてマイクを持ちながら演説風に話す練習をしていたので、空は「ママは何かするのかな？」と思っていたようで、私にしっかりと目を向け、話を聞いてくれました。

あのね、ママは明日、たくさんの人の前でお話しするんだよ。

空はね、小さいとき、池の水が見られなかったり、バイクの音が恐かったり、苦手なことたくさんあったけど、いろいろがんばって、苦手なことができるようになったでしょ。

明日は、みんなにそのやり方を教えてあげるんだよ。

自閉っ子の中にはね、空みたいに車のドアの取っ手が顔に見えたり、時計の数字が笑っているように見えたりする子もいるんだよ。

ほかのお友達には見えないけれど空には見えるんだよ。

それってすごいことだよね。素敵なことなんだよ。

自閉っ子はね、空みたいに音が恐かったり、苦手なことがいろいろあるけど、空はがんばっていろいろできるようになったでしょ。

これからもいろんなことを練習すると、苦手なことがもっとできるようになるんだよ。

空ががんばってきたこと、できるようになったことを、みんなに教えてあげようね。

明日、ママはたくさんの人の前でお話しするから見ててね。

疲れたときは一回休んで仕切り直しを

世界に目を向ければ、日本の常識が他国では常識とならないことがあるよ

うに、人それぞれ、育った環境が違えば考え方も異なります。

「いろんな人がいて、いろんな違いがあるから、世の中は楽しいんだ」と、違っていることにもメリットを感じて欲しいなと思います。

そして、「ママは笑顔で毎日楽しそうだな。人生には恐いことやいやなことばかりじゃなく、楽しいこともあるんだ」ということを感じ取って欲しいと思い、親子いっしょに、生活を楽しむことを心がけました。

子どもの将来を不安に思い、ママやパパがいつも暗い顔をしていたら、子どもは自分の未来に希望を持つことなんてできないでしょう。

人間ですから落ち込むこともあります。でも、やまない雨はありません。いやなことがあったり、疲れたときには一回休んでリフレッシュし、仕切り直しをして、明日は今日より少しでも前に進んでいけたら、必ず暗闇から脱け出すことができます。

毎日の一歩一歩の積み重ねで、未来はよりよい方向に変えていくことができます。うれしい結果は、あとからきっとついてきます。

親が不安にならないことで息子の場面かんもくが改善

私の場合、「親がオロオロしない」ことの効果は、空の場面かんもくの状態が改善するという結果となって表れました。

最初のうちは、学校でひどく内気になりオドオドする空の姿を認めることができませんでした。空が他人からどう見られるかを気にし、人前でしゃべれない姿を見るのがつらくて、「どうせ今日もオドオドしてるんだろうな」と、マイナスイメージばかり持っていたのです。

いまにして思えば、その頃の私に足りなかったのは、子どものいい面に目を向けることと、「大丈夫、そのうちきっと声が出るようになる」と、子どもの可能性を信じてドンと構える気持ちでした。

その後、「他人の目を気にするのはやめよう！　人前でしゃべれなくたっていい。それが紛《まぎ》れもない息子の姿。いまの空でいいよ」と受け入れることができるようになり、私の心が軽くなるにつれて、空の態度に少しずつ変化が見られ、学校でも声が出るようになりました。その間、家に友達を呼び、親も交えていっしょに遊んでリラックスさせたり、私も幼稚園で声が出なかった経験があることを話して聞かせるなどの対策も講じました。

また、通っていた学童保育の友達と一輪車の練習をして、2番めに早く乗れるようになって自信がついたことも、声を出すパワーになったと思います。子どもは、自信がつき自己肯定感が高まることで、すばらしい成長をとげるのです。

りさ先生のセラピーから学んだこと

私がこんなふうに考えられるようになったのは、『ポジティブ子育て　12のこころえ』（主婦の友社）の著者、ますながりささんから、子どもを信じる大切さを学んだことも大きな要因です。

りさ先生の「できる」と信じる思いの強さ、アメリカで学んだパワフルなリアクション、そして素敵な笑顔は、当時の私の心に強く響きました。

りさ先生のコンサルテーションは、たとえばこんなふうに行われます。

あるとき、発語がないEくんに、「あ」の発声を定着させようと働きかけていました。Eくんは、その場から逃げたくて、すぐにかんしゃくを起こします。りさ先生はまったく動じず、遊びも交えながら笑顔で楽しげにアプローチしていきます。なかなか「あ」の声が出せないEくんに、「頑張ってるね」「上手に口を開けられたね」「大丈夫、言えるよ」と、強化する言葉をかけ続けました。そうして1時間後には、「あ」の発声がすっかり定着していたのです。

Eくんは、「このしつこいお姉さんには声を出したほうが得……」と思ったようです。ニコニコ追いかけられているうちに、メソメソしたりイライラすることも減っていきました。

肯定的な言葉かけで子どもの行動が変わる!

多くの親、特に私たち母親は、子どもが抵抗するとひるんでしまいがちですが、親の動揺は必ず子どもに伝わり、セラピーもうまくいきません。逆に、できると信じてオロオロせず、精神的に余裕をもって、りさ先生のように笑顔で肯定的な言葉かけを続けると、子どもも前向きな気持ちになれてセラピーもうまくいきやすいのです。

「思考は現実化する」という言葉があるように、親が抱いた不安や否定的な言葉かけで、子どもは「ボクは○○ができない」「ボクはダメな子」と暗示をかけられ、潜在意識に蓄積され、いつの間にかそれが子どもの性格にまで影響を及ぼすこともあるそうです。

だからこそ、肯定的な言葉かけが大事です。それによって「ボクは○○ができる」「ボクはやさしい子」などと潜在意識のなかでプラスのイメージが増大し、無意識に自分を肯定するようになり、その結果はやがて行動にも表れてくると言われています。

子どもだって本当はいい子でいたい

子どもが発達障害と診断されたとき、それをすぐに受容するのは簡単なことではありません。否定したり反発する気持ちになるのも当然です。障害をすぐに受容できなくてもいいのです。

ただし、子どもの将来に絶望したり、「どうせ何をやってもダメ」とすべてを否定するような考え方はやめて、まずはわが子のありのままの姿を認めてください。そうしないことには、子どもだって前に進むパワーが出てくるはずがありません。苦しんでいるのは親だけではないのです。親が悲しい顔をしたり、苦しんでいたりすれば、子どもだって悲しいのです。

本当はいい子にしたいと思っていても、子ども自身が生まれもった特性のために、衝動的に親をイライラさせる行動をとってしまうこともあります。それは子どものせいでしょうか？

空は家で勉強しているとき、できないことに腹を立てて、文句を言いながら自分の頭をポカポカたたく自傷行為が激しい時期がありました。その姿を見るのがつらくて「やめなさい！　たたかないで！」と怒鳴ったこともあります。

でも、子どもの気持ちに寄り添い視点を変えてみると、「この子だっててたたきたくてたたいているわけではない」ということに気づくことができました。そして、「できなくて悔しいよね」と、子どもの気持ちを認め共感する言葉をかけました。

すると、空は反抗的な態度を一転させ、ワーッと泣き出し、泣きながらこう言いました。

「できなくてイライラして、ママにわがまま言っちゃうんだ。本当はわがまま言いたくないのに、わがままになっちゃうよ～」

わが子の状態を受け入れ認めることからスタート

それを聞いて私は、「いちばんつらいのは子ども自身なんだ。子どもだって、自制できない自分にいらだち、苦しんでいるんだ。これが、この子のいまの精一杯の姿なんだ」ということに気づきました。そして、どんなときも子どもの気持ちに寄り添いながら言葉をかけることの大切さを痛感したのです。

そのとき、私は空に次のように話しました。

「空の頭の中には、イライラ虫がいるんだよ。だから、イライラしちゃうのは空のせいじゃないよ。ママもどうしたらいいか考えてがんばるから、いっしょにイライラ虫をやっつけようね」

まずはわが子の状態をそのまま受け入れ、認めることからスタートしましょう。「この行動が嫌だから、なんとしてでも変えさせなければ」ではなく、「苦手なことがあったり不適切な行動を起こすのは、障害の特性によるものでしかたのないこと」と理解しましょう。その上で、「これを改善する手助けができるのは親しかいない」と

いう心構えで、具体的な対処法を考えながら前に進んでいきましょう。

「いつか、きっとできるようになる」と子どもを強く信じれば、子どもにもあなたのその思いや態度が伝わり、あなたを強く信じ、安心して学んでいこうと思えるようになるはずです。

アメリカで広く読まれている『自閉症の生徒が親と教師に知ってほしいこと』（エレン・ノットボム著、筑摩書房）という本に、ある自閉症の子どもの次の言葉が紹介されています。

「ぼくは人に伝えることができる以上のものを感じられる。いちばん感じるのは、あなたが『ぼくにできる』と思っているかどうかだ」

行き詰まったときはほかの人の力を借りよう

ABAを始めたばかりのころは特に、疑問や不安を感じたり、行き詰まることも多いでしょう。そんなときはABAエージェント、親の会、インターネットのグループコミュニティなどの助けを借りることも考えましょう。私たちの前には、これまで歩き続けてきた多くの先輩たちがいます。あなたは一人ではありません。どうか一人で抱え込まないでください。

自分一人では解決できない問題も、ほかの人の力を借りることで道が拓《ひら》けることがあります。親自身がリフレッシュする時間も大切です。家族、友人、地域の人など、借りられる手は感謝をもって借りましょう。そして、ゆくゆくはあなたの経験を、今度はほかの悩んでいる誰かのために活かしてください。

子どもが、自分の身の回りのことを一つでも多く自分でできるようになり、親がいなくなったあとも笑顔で暮らしていけるように、子どもに「生きる力」をつけることを大切にしてください。そのために子どもの可能性を信じてコツコツと、笑顔で楽しく働きかけを続けていきましょう。

いまの姿が子どものすべてではないのですから！

おわりに

発達障害と診断された子どもを持つ親は、ＡＢＡを知ったとき「この療育法ならうちの子が普通の子になれるかもしれない！」という希望の光を見つけ、藁《わら》にもすがる思いで始めることが多いようです。私もそうでした。

しかし、「普通の子」という言葉は誤解を生みます。「普通って何？」「一人一人の個性があるのに無理させたらかわいそう」と批判する人もいました。私が「ＡＢＡを行うことで、息子は変われるんです！」と力説すると、「変えるってことは、いまの息子さんじゃダメってこと？」と言われ、一瞬答えに詰まりました。

確かに「普通の子になれるかも」という期待は、「皆と同じにできなければ」という親の思い込みにつながり、できないことを責めて子どもを追い詰めてしまうこともあるでしょう。「普通の子に！」「こうでなければ！」ではなく、「みんなちがって、みんないい」と子どもの特性を受け入れることも大切です。

ただし、自然な発育に任せていたら、言葉や社会性がなかなか身につかない子どもたちがいます。できないことが多い不器用な子どもたちも、適切な支援を受ければできることが増え、自信につながっていきます。親の亡き後も、子どもが社会に受け入れられ、幸せに暮らしていけるように、「無理をさせている」という批判は心にとどめながら、子どもの成長の手助けをしていきたいと思います。

息子の空は小学生になり、友達と約束して遊びに行ったり、親子で会話を楽しんだりできるようになりました。「あとはオレに任せて！　ママは出かけていいよ」と時間に追われ焦りまくっている私に声をかけ、家事の続きを引き受ける頼もしい成長も見せてくれています。課題はまだあります。でもいまの私には、空が3歳のころに抱いていたような、将来を悲観する気持ちはありません。これから先いろいろな困難にぶつかっても、きっと乗り越えていけるでしょう。私がこんなふうに考えられるようになったのはＡＢＡと出会ったおかげです。

欧米の一部では、ＡＢＡによる早期療育の有効性が認められていて、発達障害を抱える子どもはＡＢＡの手法を用いたセラピーを公費負担で受けることができます。それによって大きく成長できれば、その子は将来就労し、納税者になります。「長い目で見れば、財政的に負担が軽くなる可能性がある」ということなのでしょう。

日本でも最近、療育にかかる費用の一部が公費で負担される動きが出てはきましたが、その内容はまだまだ欧米のレベルとはかけ離れたものです。

ＡＢＡの考えが日本にももっと普及し、苦しんでいる親子の助けとなり、笑顔を増やすことができますように。本書を通じて少しでもそのお手伝いができれば幸いです。

本書の執筆に至るまでには、多くの方々のご助力をいただきました。

監修の平岩幹男先生は、さまざまな療育法を使って、子どもの特性に応じたアドバイスで多くの親子を支えていらっしゃいます。臨床経験豊富な先生から私の原稿に多くのご助言をいただき、深く感謝しております。

療育や子育て支援に携わっている方々からは、たくさんのことを教えられました。私が行ってきた、日常生活を利用した言葉かけに自信を持つことができたのは、「ころん」代表・ますながりさ先生との出会い、学びのおかげです。療育アドバイザーの修業を始めたころ、「つみきの会」代表・藤坂龍司さん、「オーティネット」代表・若井道子さんにはいろいろとお世話になりました。ありがとうございました。「ウェイクナーズ」での心の学びの講座は、私の心を安定させ、胸のつかえが取れて生きやすくなりました。藤井康夫先生、船盛紀有先生、感謝しております。

専門家の立場から原稿に貴重なご意見を寄せてくださった「療育教室　ことばと」代表・大北友さん、医療ジャーナリストの福原麻希さん、そして、療育アドバイザーの活動を通して出会った子どもたち、保護者の皆様にも、この場を借りてお礼を申し上げます。

かわいいイラストを描いてくださった得能史子さん、編集の髙月順一さん、嘉山恭子さん、伊藤淳子さん、皆様のお力添えで素敵な本に仕上がりました。ありがとうございます。最後に、未熟な私をサポートしてくれた家族にも、ありがとう!

shizu

おすすめの本やウェブサイト

私が実際に読んだり見たりして、役に立ったものを挙げました。

発達障害全般について書かれた本

- 『自閉症スペクトラム障害』平岩幹男　岩波書店
- 『あきらめないで！ 自閉症 幼児編』平岩幹男　講談社
- 『幼稚園・保育園での発達障害の考え方と対応 役に立つ実践編』平岩幹男　少年写真新聞社
- 『発達障害の子の感覚遊び・運動遊び』木村 順　講談社
- 『育てにくい子にはわけがある』木村順　大月書店
- 『自閉症を克服する』リン・カーン・ケーゲル、クレア・ラゼブニック 著　中野良顯 監　八坂ありさ 訳　NHK出版
- 『ママがする自閉症児の家庭療育　HACプログラム』海野 健　HACの会

ABAについてくわしく書かれた本

- 『発達の気がかりな子どもの上手なほめ方しかり方』山口 薫　学研教育出版
- 『親と教師が今日からできる 家庭・社会生活のためのABA指導プログラム』ブルース・L・ベイカー、アラン・J・ブライトマン 著　井上雅彦 監訳　挙市玲子、谷口生美 訳　明石書店
- 『家庭で無理なく楽しくできるコミュニケーション課題30』井上雅彦 編著　藤坂龍司 著　学研教育出版
- 『できる！をのばす 行動と学習の支援』山本淳一、池田聡子　日本標準
- 『叱りゼロで「自分からやる子」に育てる本』奥田健次　大和書房

子育てに行き詰まった時に読むと心が軽くなる本

- 『「育てにくい子」と感じたときに読む本』佐々木正美　主婦の友社
- 『ポジティブ子育て12のこころえ』ますながりさ　主婦の友社
- 『自分を愛する力』乙武洋匡　講談社
- 『ありがとう3組』乙武洋匡　講談社
- 『子育てハッピーアドバイス　大好き！が伝わるほめ方・叱り方』明橋大二　1万年堂出版
- 『心屋仁之助の今ある「悩み」をズバリ解決します！』心屋仁之助　三笠書房
- 『ツイてる！』斎藤一人　角川書店
- 『「自分磨き」はもう卒業！　がんばらずに、ぐんぐん幸運を引き寄せる方法』鈴木真奈美　PHP研究所
- 『今日を「いい気持ち」で生きるレッスン』海原純子　三笠書房

発達障害を抱える子どもの家族が書いた本

- 『わが子よ、声を聞かせて』キャサリン・モーリス 著　山村宜子 訳　NHK出版
- 『教えて、のばす！　発達障害をかかえた子ども　～幼児期のABAプログラム～』平岩幹男 監修　宍戸恵美子 著　少年写真新聞社
- 『「ママ」と呼んでくれてありがとう　自閉症の息子と歩んだABA早期療育の軌跡』杉本美花　学研教育出版
- 『ありのままの子育て』明石洋子　ぶどう社
- 『一日千笑、苦あれば楽あり』星先薫　くもん出版
- 『精神科医の子育て論』服部祥子　新潮社

おすすめウェブサイトなど

- **幸せなお母さんになるための子育て支援サイト**　http://www.age18.jp/back_merumaga.html
  パピーいしがみさんの無料メールマガジン。適確な子育てアドバイスに心があたたまります。
- **平岩幹男　ホームページ**　http://rabbit.ciao.jp/
  本書の監修者・平岩幹男先生のホームページ。
- **自閉症療育と幼児早期教育の広場**　http://autism-park.sunnyday.jp/
  平岩幹男先生が主宰するホームページ。メールでの質問も可能です。
- **Colon（ころん）**　http://colon-family.net/index.html
  ますながりささん（156～157ページで紹介）が代表を務める「一般社団法人ころん」のホームページ。
- **療育教室　ことばと**　http://cotobato.jp/
  大北友さんのホームページ。適確な課題設定とアドバイスをしてくれます。
- **かんもくネット**　http://kanmoku.org/
  場面かんもく児支援のための情報交換ネットワーク団体のホームページ。
- **コンコード**　http://ameblo.jp/grandconcord/
  財団法人ウェイクナーズのブログ。ウェイクナーズは、子育てプログラム・メンター講座を主宰しています。
- **発達障害の子どもを伸ばす魔法の言葉：ABAで自閉っ子と楽しく生活**
  http://ameblo.jp/kirakirahikaruhoshi117/
  ｓｈｉｚｕのブログ。おすすめ教材、日常生活でできるABAを利用した働きかけなどを紹介。

shizu　自閉症療育アドバイザー。1960年代生まれ。2児の母。かんもくネット会員。講演会などで、子どものことで悩んでいる保護者に、日常生活のなかでできる楽しいかかわりや言葉かけを紹介している。「今の姿が子どものすべてではない」というメッセージを伝えながら活動中。

平岩幹男　医学博士、小児科専門医、小児神経専門医。1951年戸畑市（現北九州市）生まれ。東京大学医学部卒業後、三井記念病院、帝京大学医学部小児科、戸田市立医療保健センターを経て、2007年Rabbit Developmental Research開設。日本小児保健協会理事、国立成育医療研究センター理事を務める。東京大学医学部非常勤講師。著書に、『みんなに知ってもらいたい発達障害』（診断と治療社）、『幼稚園・保育園での発達障害の考え方と対応　役に立つ実践編』（少年写真新聞社）、『発達障害　子どもを診る医師に知っておいてほしいこと』（金原出版）、『あきらめないで！　自閉症　幼児編』（講談社）、『自閉症スペクトラム障害』（岩波新書）など多数。

N.D.C.493 165p 23cm　　健康ライブラリー

発達障害《はつたつしようがい》の子《こ》どもを伸《の》ばす魔法《まほう》の言葉《ことば》かけ

2013年12月10日　第1刷発行
2015年 1 月22日　第8刷発行

著　者 ——— shizu《しず》
監　修 ——— 平岩幹男《ひらいわみきお》
発行者 ——— 鈴木　哲
発行所 ——— 株式会社講談社
〒112-8001　東京都文京区音羽2-12-21
電話 出版部　03-5395-3560
販売部　03-5395-3622
業務部　03-5395-3615
印刷所 ——— 慶昌堂印刷株式会社
製本所 ——— 株式会社若林製本工場

ISBN978-4-06-259684-8